CN01301951

AAAI QUE PREGUIÇA !!!
GRANDE OTELO
PAULO JOSÉ
JARDEL FILHO
MACUNAÍMA
DINA SFAT
RODOLFO ARENA
MILTON GONÇALVES
TÁ GOSTOSO, CORAÇÃO, TÁ?
JOAQUIM PEDRO DE ANDRADE
K. M. ECKSTEIN

Copyright © 2014 Casa da Palavra
Copyright © 2014 Paulo Antonio Paranaguá
Todos os direitos reservados e protegidos pela Lei 9.610, de 19.2.1998.
É proibida a reprodução total ou parcial sem a expressa anuência da editora e dos detentores dos direitos autorais.
Este livro foi revisado segundo o novo Acordo Ortográfico da Língua Portuguesa.

Capa e projeto gráfico de miolo
DUPLA DESIGN

Copidesque
THADEU C. SANTOS

Revisão
RAQUEL MALDONADO

Diagramação
MEYRELE TORRES | FILIGRANA DESIGN

PUC-RIO

Reitor
PE. JOSAFÁ CARLOS DE SIQUEIRA SJ

Vice-Reitor
PE. FRANCISCO IVERN SIMÓ SJ

Vice-Reitor para Assuntos Acadêmicos
PROF. JOSÉ RICARDO BERGMANN

Vice-Reitor para Assuntos Administrativos
PROF. LUIZ CARLOS SCAVARDA DO CARMO

Vice-Reitor para Assuntos Comunitários
PROF. AUGUSTO LUIZ DUARTE LOPES SAMPAIO

Vice-Reitor para Assuntos de Desenvolvimento
PROF. SERGIO BRUNI

Decanos
PROF. PAULO FERNANDO CARNEIRO DE ANDRADE (CTCH
PROF. LUIZ ROBERTO A. CUNHA (CCS)
PROF. LUIZ ALENCAR REIS DA SILVA MELLO (CTC)
PROF. HILTON AUGUSTO KOCH (CCBM)

CIP BRASIL. CATALOGAÇÃO NA FONTE
SINDICATO NACIONAL DOS EDITORES DE LIVROS, RJ.
P242i
Paranaguá, Paulo Antonio
  A invenção do cinema brasileiro : modernismo em três tempos / Paulo Antonio Paranaguá. - 1. ed. - Rio de Janeiro: Casa da Palavra, 2014.
  176 p. : 19cm. (Modernismo +90 ; 10)
  ISBN 978-85-7734-476-5
  1. Cinema - Brasil - História. . 2. Modernismo (Artes). I. Título. II. Série.
  14-11278   CDD: 791.430981
                   CDU: 791(81)

Conselho Editorial

Augusto Sampaio, Cesar Romero Jacob, Fernando Sá, Hilto Augusto Koch, José Ricardo Bergmann, Luiz Alencar Reis da Silv Mello, Luiz Roberto Cunha, Miguel Pereira e Paulo Fernando Ca neiro de Andrade.

CASA DA PALAVRA PRODUÇÃO EDITORIAL
Av. Calógeras, 6, sala 1.001, Centro
Rio de Janeiro - RJ - 20030-070
21.2222-3167 | 21.2224-7461
divulga@casadapalavra.com.br
www.casadapalavra.com.br

EDITORA PUC-RIO
Rua Marquês de S. Vicente, 225, casa
Editora PUC-Rio/Projeto Comunicar
22451-900 Rio de Janeiro, RJ
Tel.: 21.3527-1760/1838
edpucrio@puc-rio.br
www.puc-rio.br/editorapucrio

MODERNISMO +90

Editora PUC Rio

Casa da Palavra

Coordenador da coleção "Modernismo +90"
EDUARDO JARDIM

A INVENÇÃO DO CINEMA BRASILEIRO

MODERNISMO
em três tempos

Paulo Antonio Paranaguá

Editora PUC Rio

Casa da Palavra

MOD
ERN
ISMO
+90

*A GABRIELA E SIMON, QUE ACOMPANHARAM
A GESTAÇÃO DESTE LIVRO*

10	APRESENTAÇÃO DA COLEÇÃO
12	PREFÁCIO DISPENSABILÍSSIMO
14	TEMPO DE FUNDAÇÃO

MENOTTI DEL PICCHIA, HOMEM DE CINEMA ESQUECIDO | **22**

MÁRIO DE ANDRADE, CRÍTICO APRENDIZ | **28**

GUILHERME DE ALMEIDA, CRONISTA ESNOBE | **37**

CARLOS DRUMMOND DE ANDRADE, POETA SAUDOSISTA | **44**

TRIÂNGULO TRANSATLÂNTICO | **52**

LIMITE | **57**

TEMPO DE INSTITUCIONALIZAÇÃO

REVOLUÇÃO | **73**

EDUCAÇÃO COMO MISSÃO | **78**

INCE | **83**

CLIMA | **87**

PAULO EMILIO DESCOBRE O CINEMA | **94**

SALLES GOMES, CRÍTICO PROFISSIONAL | **105**

66

TEMPO DE DISSEMINAÇÃO

CINEMA NOVO | **123**

TRADIÇÃO DE RUPTURA | **132**

FAMÍLIA MODERNISTA | **139**

MACUNAÍMA | **144**

O HOMEM DO PAU-BRASIL | **149**

TROPICALISMO | **154**

NACIONALISMO EM CRISE | **161**

110

SAUDADES

171

BIBLIOGRAFIA

174

APRESENTAÇÃO DA COLEÇÃO

por Eduardo Jardim

A coleção *Modernismo + 90* reúne livros que apresentam e discutem obras, autores e aspectos históricos e conceituais do modernismo brasileiro, por pesquisadores de diversas áreas e gerações. Passados mais de noventa anos da Semana de 22, evento considerado o marco inaugural do movimento, pode-se avaliar, já a certa distância, a abrangência e o significado desta etapa decisiva da história cultural do país.

Alguns critérios nortearam a escolha dos livros. Valorizou-se a abordagem de temas menos explorados. Como se sabe, é enorme a literatura sobre o modernismo. No entanto, alguns assuntos e autores ainda são pouco conhecidos. A título de ilustração, menciona-se a importância do cinema para os modernistas e de escritores e artistas cuja inserção no panorama do movimento ainda não foi devidamente considerada. Mesmo as obras de alguns autores consagrados revelam surpresas quando vistas de um ângulo novo. Deu-se também destaque a pesquisas que reveem criticamente a abrangência e os limites do modernismo. Nesta medida, alguns livros da coleção partem do contexto contemporâneo e retornam ao programa e às obras das décadas anteriores para avaliar sua relevância atual. Também se levou em conta a necessidade de explicitação das bases conceituais do movimento. Deste modo, a contribuição de alguns destes

MODERNISMO +90

trabalhos será de pôr em discussão os pressupostos teóricos do pensamento modernista. Não poderia faltar um viés histórico, seja na reconstituição do meio cultural, na apresentação das revistas da época e na leitura da importantíssima correspondência de Mário de Andrade, seja na abordagem da complexa relação dos autores modernistas com a política, seja em uma visão retrospectiva dos marcos comemorativos do movimento.

O movimento literário e artístico modernista, cujas manifestações mais importantes ocorreram nos anos vinte, faz parte de uma corrente de ideias que remonta ao final do século dezenove e que durou até as últimas décadas do século passado. Ela expressou uma determinada compreensão da modernização da vida nacional, vista como inserção do país no concerto internacional, envolvendo uma compreensão do processo histórico. Uma visão geral dessa orientação intelectual, das suas premissas e de sua demarcação, precisa ser ainda alcançada. Ela deverá passar pelo exame detalhado das suas várias manifestações em um longo período histórico de aproximadamente cem anos.

A coleção *Modernismo + 90* constitui um passo na montagem deste amplo cenário, o qual é ainda a principal referência para a compreensão e intervenção na arte e na cultura do país.

PREFÁCIO DISPENSABILÍSSIMO

■■
DIANTE DE UMA CONVULSÃO SOCIAL, DE UM
FILME OU DE UMA PAIXÃO, AS ÚNICAS ARMAS
VÁLIDAS PARA A AÇÃO OU O CONHECIMENTO
SÃO AQUELAS QUE NOS SÃO FORNECIDAS PELA
CONJUNTURA, ISTO É, AS QUE INVENTAMOS.
■■
Paulo Emilio Salles Gomes,
"Revolução, cinema e amor" (1961)

Tem sido consenso, há pelo menos quarenta anos, a relação entre o Modernismo e o cinema brasileiro. O Cinema Novo, o filme *Macunaíma* de Joaquim Pedro de Andrade (1969), o Tropicalismo, chamaram a atenção para essa questão. O resumo da história é o seguinte: houve um divórcio, na década de 1920, seguido de um casamento, na década de 1960. No meio, nada, abstinência completa.

A única justificação para abordar novamente o assunto é problematizar a versão predominante, encarar outras perspectivas, articulações e aspectos ignorados, introduzir mais personagens e peripécias nesse enredo requentado. É o que se busca fazer nestas páginas, que não pretendem esgotar o tema, pelo contrário, reativar a discussão, apresentando leituras e interpretações diferentes dos textos, dos filmes e dos fatos.

A crítica literária dissecou a literatura modernista e mostrou o impacto que o "cinematógrafo" teve na geração da Semana de Arte Moderna de 1922. Motivada por essa abordagem, nossa análise privilegia o "outro lado", a história do cinema, sem esquecer que o cerne está na relação entre ambas. Os esquemas binários costumam ser uma armadilha. Três nunca é demais. Nossa dramaturgia adota a exposição em três tempos e admite triângulos sem preconceitos.

Para apimentar o prato, recorremos a uma ou outra polêmica. Para tanto, escolhemos os melhores interlocutores, senão é covardia, não tem graça. Mas não é bangue-bangue, não há mortos e feridos, apenas gente fina. É uma conversa entre amigos.

Quando se fala em cinema, convém lembrar a sábia advertência do Cego Júlio: é tudo verdade e imaginação.

TEMPO DE FUNDAÇÃO

Em São Paulo, na inauguração da Semana de Arte Moderna, dia 13 de fevereiro de 1922, no Teatro Municipal, Menotti del Picchia, o festejado poeta de *Juca Mulato* (1917), ouvia o discurso do escritor, acadêmico e diplomata José Pereira da Graça Aranha, que voltou da Europa entusiasmado com as novidades nas artes. Durante a cerimônia, Menotti teve farto tempo de pensar com seus botões:

"O Graça Aranha exagera avisando os paulistanos de que outros horrores os esperam. Parece até que está falando da próxima palestra, a minha. Só porque o Monteiro Lobato arrasou a exposição da Anita Malfatti em 1917, não precisamos cair na armadilha. Não convém provocar o público. Afinal, ele pagou a entrada para assistir a este festival de música e poesia, condimentado com algumas considerações sobre a nova arte. Nada de revolucionário. Nada de mais ordeiro e pacífico que este bando de vanguarda, liberto do totemismo tradicionalista. Ninguém respeita mais o cassetete do guarda da esquina.

"Na Europa as vanguardas são de fato bem mais agressivas. Mas os europeus estão saindo de uma barbárie sem tamanho, que abalou os alicerces da civilização ocidental. Ainda bem que o Brasil ficava longe do teatro das operações, conforme costumam dizer os militares. Imagina se além das nossas mazelas tivéssemos que suportar bombardeios em São Paulo!

"A São Paulo de hoje é uma cidade ultramoderna, é uma Paris, uma Nova York menos intensa, uma Milão mais vasta. Alguns paulistanos começam a dedicar seus ócios de enriquecidos às produções de arte. Mas a nossa independência política não nos trouxe a independência mental. O Brasil continua colônia nas letras. É preciso reagir!

"Queremos luz, ar, ventiladores, aeroplanos, reivindicações obreiras, idealismos, motores, chaminé de fábrica, velocidade, sonho na nossa arte. Nada de postiço, meloso, artificial, precioso: queremos escrever com sangue – que é humanidade; com eletricidade – que é movimento, expressão dinâmica do século; violência – que é energia bandeirante. Assim nascerá uma arte genuinamente brasileira.

"Mas este festival está parecendo sarau: palavrório, música e algumas obras dos nossos amigos das artes plásticas exibidas no saguão. Francamente, nem parece que estamos no Teatro Municipal. Para que tanto espaço? Manias de grandeza, com certeza, coisa de paulista. Somos o cabotinismo organizado em escola. Qualquer opereta teria atraído mais espectadores. Talvez por isso a plateia está meio nervosa, por frustração.

"Se o Graça Aranha continuar cutucando o distinto público, vamos ter problemas. Não convém antagonizar o palco e a plateia. Ô Aranha sem graça! Muitos vieram escutar a pianista Guiomar Novaes. Eu também me emociono com um piano nas mãos de um virtuose. Não entendo porque Mário de Andrade implica com a pianolatria. O Municipal está cheio de passadistas. Eles acham que somos os bolchevistas da estética. O Mário, diabólico, acredita que o antagonismo vai nos tornar célebres. Mas quem vai ficar sabendo? 'Teremos nossos nomes eternizados nos jornais', diz o Mário. Ora, as gazetas não são eternas nem são tão lidas assim. Sei bem, trabalho numa delas.

Teatro Municipal de São Paulo, começo do século XX.

"Nem passou pela cabeça do velho Gilberto Rossi trazer a sua câmara para registrar a inauguração. Tanto o seu jornal da tela, as *Rossi Actualidades*, quanto o nosso festival moderno contam com o apreciado apoio do Estado de São Paulo, mas o público dos cinemas paulistanos não vai ficar sabendo. Eu podia ter pedido ao meu irmão, José del Picchia, para trazer a sua Pathé de manivela, mas ele certamente prefere encomendas mais rentáveis no interior do Estado. Faz ele muito bem. Cinema custa caro.

"Bem que eu entraria nesse negócio dos jornais da tela com o José. Poderíamos competir com o Rossi, mesmo que ele disponha do financiamento do Estado. Dinheiro é o que não falta em São Paulo, falta visão! Arte nova é o cinema, o resto já existia na Idade Média. *Sol e Sombra* seria um bom nome para o nosso cinejornal. Gostei. Talvez o bom do Armando Leal Pamplona possa entrar na parceria com o investimento necessário, enquanto nós, os irmãos del Picchia, entramos com o nosso *savoir faire*. Aos poucos poderíamos nos lançar nos filmes de argumento, até agora monopólio dos europeus e os norte-americanos.

"Pensando bem, o que eles têm que nós não temos? Histórias nossas não faltam. Escrever para publicar ou para servir de enredo para um filme não me assusta. Sejamos modernos! Em compensação, aqueles que entendem da técnica, como o Rossi ou o meu irmão, são poucos. Parece tão fácil como tirar retrato, mas não é. E depois nossos atores e atrizes possuem pouca experiência do *set* de filmagem, isso se vê logo na atuação deles.

"Nosso teatro é pobre. Talvez por isso esta nossa Semana de Arte Moderna não apresenta nem teatro, nem dança, nem mímica, apesar de estarmos no Teatro Municipal. Aliás, nossos homens e mulheres de cinema vêm dos palcos do Brás, do Bexiga ou da Barra Funda, daquelas sociedades italianas de Mutuo Socorso ou Doppo Lavoro. Meus paisanos nunca devem ter entrado no Municipal. Nem para ver uma ópera italiana, mesmo que saibam de cor.

"*Italiani, brava gente!* A maioria deles parece que conheceu na Europa apenas a miséria. Em São Paulo, encontraram esse entrechocar de ambições, de gostos, de vontades, de raças oriundas dos quatro pontos cardeais. Estas se refletem em todas as manifestações da vitalidade citadina, nos seus tipos de rua, na sua arquitetura, nas coisas expostas no comércio, nas línguas faladas pelas calçadas. Depois que vieram para as Américas, nunca mais voltaram ao país natal. O cinema foi feito para eles, para ultrapassar as barreiras de raça e cultura.

"Nossos amigos pintores e poetas são mais viajados. O que seria deles se não houvessem assistido à explosão de formas e cores do impressionismo, o expressionismo, o cubismo e às irreverências do Futurismo e o Dadaísmo? Na arte agora vale tudo. Ao nosso individualismo estético repugna a jaula de uma escola. Procuramos cada um atuar de acordo com nosso temperamento, dentro da mais arrojada sinceridade.

"Mas em cinema ainda somos aprendizes. Alguns sonham com grandes estúdios, como os da Itália, Alemanha, França ou Estados Unidos. Isso exige muito dinheiro! Custo a acreditar que certos filmes requerem tanto capital. Os europeus precisam de um teto para filmar, por causa do clima, mas nós temos uma luz maravilhosa. E aqueles filmes do Carlitos que fazem sucesso no mundo inteiro parecem feitos sem grandes cenários ou roupas caras.

"Por falar nisso, quem adora Charles Chaplin é o Mário de Andrade. Ele gosta de dar risada, de escancarar aquela dentadura branca. Agora os paulistanos esnobes deram para virar as costas para os cinemas, cansados da novidade. Mário é eclético, gosta de música clássica e de folclore. Cinema é assim, tem de tudo, filmes dinamarqueses de chorar de emoção e fitas francesas ou americanas de morrer de rir.

"Aqui nesta Semana de Arte Moderna, a maioria tem até vergonha de dizer que vai ao cinema, Mário não. Além dele, do Guilherme de Almeida e de mim, não sei se tem mais alguém capaz de confessar em público que é cinemaníaco. Acho que o Heitor Villa-Lobos, aquele compositor originalíssimo, que veio do Rio agitando a sua cabeleira, toca em cinemas, mas isso é ganha-pão.

"Na França, já há quem fale em sétima arte. E nós aqui, apesar de modernos, ficamos na poesia, na música, na pintura e na escultura. Em matéria de arte, estamos no período da pedra lascada. Talvez devêssemos ter conversado e preparado melhor a programação desta Semana. Como vamos ser modernos se recusamos a última das artes? É verdade que carecemos de um cômico como Carlitos. E o nosso ilustre imitador do Film d'Art francês, o Vittorio Capellaro, é um esforçado, mas nem *Inocência* (1915), nem *O Guarany* (1916), nem *Iracema* (1919) me convencem.

"Não podemos ficar atrelados aos escritores românticos, ao passado, ao nosso século XIX. O aspecto da nossa vida mudou: a arte, que é o seu comentário, deve seguir-lhe as pegadas. O automóvel, as usinas, a velocidade, o aeroplano, tudo isso forma a estética moderna. São os fragmentos de pedra com que construiremos a Babel do nosso sonho. É preciso esfacelar os velhos e râncidos moldes literários, reformar-se a técnica, arejar-se o pensamento surrado no

Mário de Andrade: o Modernismo vai ao cinema.

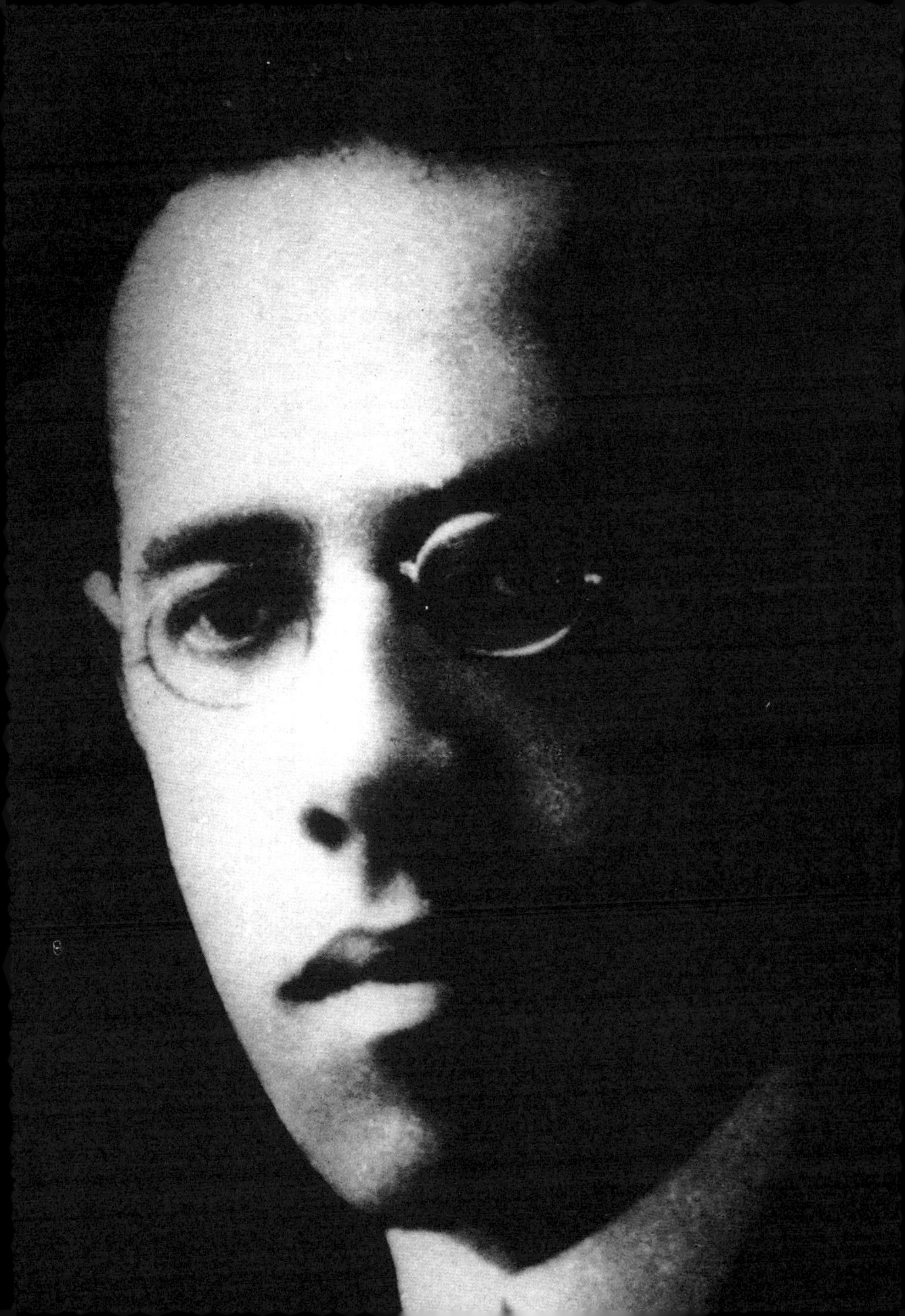

eterno uso das mesmas imagens. A vida não para e a arte é a vida. Abaixo a rima rica e a ideia pobre! Abaixo o bocejo como sensação estética!

"O Rossi acredita no seu parceiro espanhol, José Medina, que faz fitas contemporâneas, menos pretensiosas, mais leves. *Perversidade*, a que lançaram no ano passado (1921), é um título atraente. O vício e a virtude são um tema universal, a eles dediquei meus primeiros poemas (1913). Isso e assuntos bem brasileiros, como o *Juca Mulato* (1917). Surgirá uma estética original e nossa, fruto da fixação do tipo étnico nacional.

"*Vício e beleza*, eis aí matéria farta para nossos aprendizes de cinema. Sonho com uma *Messalina*! Mas ninguém vive apenas de melodrama. Os europeus e os norte-americanos sabem disso. Rir é preciso, navegar também. Comédia e aventuras.

"Sonhar não custa, mas cinema não surge por geração espontânea. A página em branco é fácil, comparada com a tela branca, a arte cinematográfica. Imaginação e vontade não são suficientes, é preciso aprendizagem, experiência. Como pintura e escultura, o discípulo começa copiando os grandes mestres. Carlitos é um gênio, mas garanto que ele já era formidável quando se apresentava no palco de um teatro.

"Às vezes tenho a sensação de que no Rio de Janeiro há gente mais articulada. Pena que aquele espanhol, o Francisco Serrador, foi para o Rio. Dizem que Serrador está mudando o ambiente da capital com seus cinemas. Esse ainda vai longe. Aqui nos deixou o Bijou Theatre, que o Mário gosta tanto de frequentar. Nossos esnobes da Avenida Paulista deviam aprender, em vez de desprezar os novos ricos.

"Os paulistanos continuam a viver na província. Não são diferentes dos notáveis do interior que conheci em Itapira. Com mais alguns anos e uns gestos como esta Semana de Arte Moderna poderemos declarar São Paulo livre da endemia dos burros, mal que tantos estragos tem feito entre nós. O tema da nossa arte será a luta que se trava na nossa cidade. No Rio, os bobos da Corte ficam à espera de favores, achando que vão receber tudo de mão beijada. O Serrador não, ele foi procurar sócios com dinheiro, mostrou que tinha visão e soube convencer os capitalistas. Descobriu que a alma do negócio é a exibição, a importação e a distribuição das fitas. Será que desistiu de produzir?

"Alguns idealistas por aí falam em cinema brasileiro, mas a verdade é que no Brasil não há cinema nacional, nosso cinema é municipal. Vamos ser realistas. Carlitos viaja pelo mundo inteiro. Aqui, fazemos fitas para nossos vizinhos e olhe lá. Desse jeito, vamos acabar pedindo ajuda à Prefeitura e ao governo do Estado. Mostraremos que no Brasil não somos um montão inerte e inútil de cadáveres? Seremos modernos algum dia?"

MENOTTI DEL PICCHIA, HOMEM DE CINEMA ESQUECIDO

As vaias temidas por Menotti del Picchia explodiram no dia da sua palestra sobre os novos escritores, 15 de fevereiro de 1922. O público manifestou sua reação às propostas modernistas com uma tremenda gritaria que deixou o palestrante estonteado. Os paulistas mostravam assim o seu ranço acadêmico, passadista. O que Menotti mais temia, um bombardeio em São Paulo, ocorreria durante a Revolução de 1924. E ele acabou casando com uma virtuose do piano, Antonietta Rudge, e brigando com Mário de Andrade.

No entanto, a Semana de Arte Moderna não passaria à história como uma mera sucessão de saraus à velha moda. O Modernismo conseguiu se afirmar graças a escândalos como o que aconteceu durante a apresentação de Menotti. Comportamentos reacionários, em certo sentido, validavam as vanguardas que procuravam a ruptura com as velhas estéticas. Tanto que os desdobramentos da Semana de 1922 ultrapassaram a expectativa inicial – suscitaram, por exemplo, mudanças que influenciaram até a arquitetura, mesmo com a ausência de obras específicas desse campo na programação da Semana de 1922.

Com o cinema aconteceu algo semelhante. A sétima arte não compareceu ao Teatro Municipal. Isso não significa que os modernistas lhe fossem indiferentes. Um dos pioneiros do cinema paulistano era justamente Paulo Menotti del Picchia (1892-1988), um dos animadores da Semana; considerado uma das principais figuras do Modernismo na sua fase de fundação, junto com Mário de Andrade (1893--1945), Oswald de Andrade (1890-1954), Anita Malfatti (1889-1964) e Tarsila do Amaral (1886-1973). Trata-se do chamado "Grupo dos cinco".

Menotti continuaria batalhando pelo Modernismo, na sua vertente mais nacionalista, verde-amarela. Apesar de valorizar acima de tudo a poesia e a narrativa, ele foi uma das raras figuras intelectuais envolvidas no cinema mudo, onde predominavam imigrantes da primeira geração, menos agraciados pela vida no trópico do que a geração anterior, aquela dos del Picchia. Seu depoimento, aliás, fecha a extraordinária história oral do cinema paulistano escrita por Maria Rita Galvão, de 1975, que preservou a memória desses pioneiros.[1]

O envolvimento de Menotti com cinema durou uns dez anos, a partir precisamente de 1922. Seu irmão José del Picchia e dois sobrinhos participaram dessa aventura. Eles lançaram o jornal da tela *Sol e Sombra* (1923-1929), em concorrência com o *Rossi Actualidades* (1921-1931), mas nenhum dos dois sobreviveu à revolução do cinema falado. Menotti escreveu o roteiro dos filmes *Vício e beleza* (Antonio Tibiriçá, 1926) e *Messalina* (Luiz de Barros, 1931), além de um romance com o título de *Salomé* (1940). Ambas as fitas desapareceram, conforme consta nas fichas da filmografia da Cinemateca Brasileira.[2] Arriscar um juízo a partir de notas

---

1 GALVÃO, Maria Rita Eliezer. *Crônica do cinema paulistano*. São Paulo: Ática, 1975, pp. 248-257.
2 http://www.cinemateca.gov.br/cgi-bin/wxis.exe/iah/

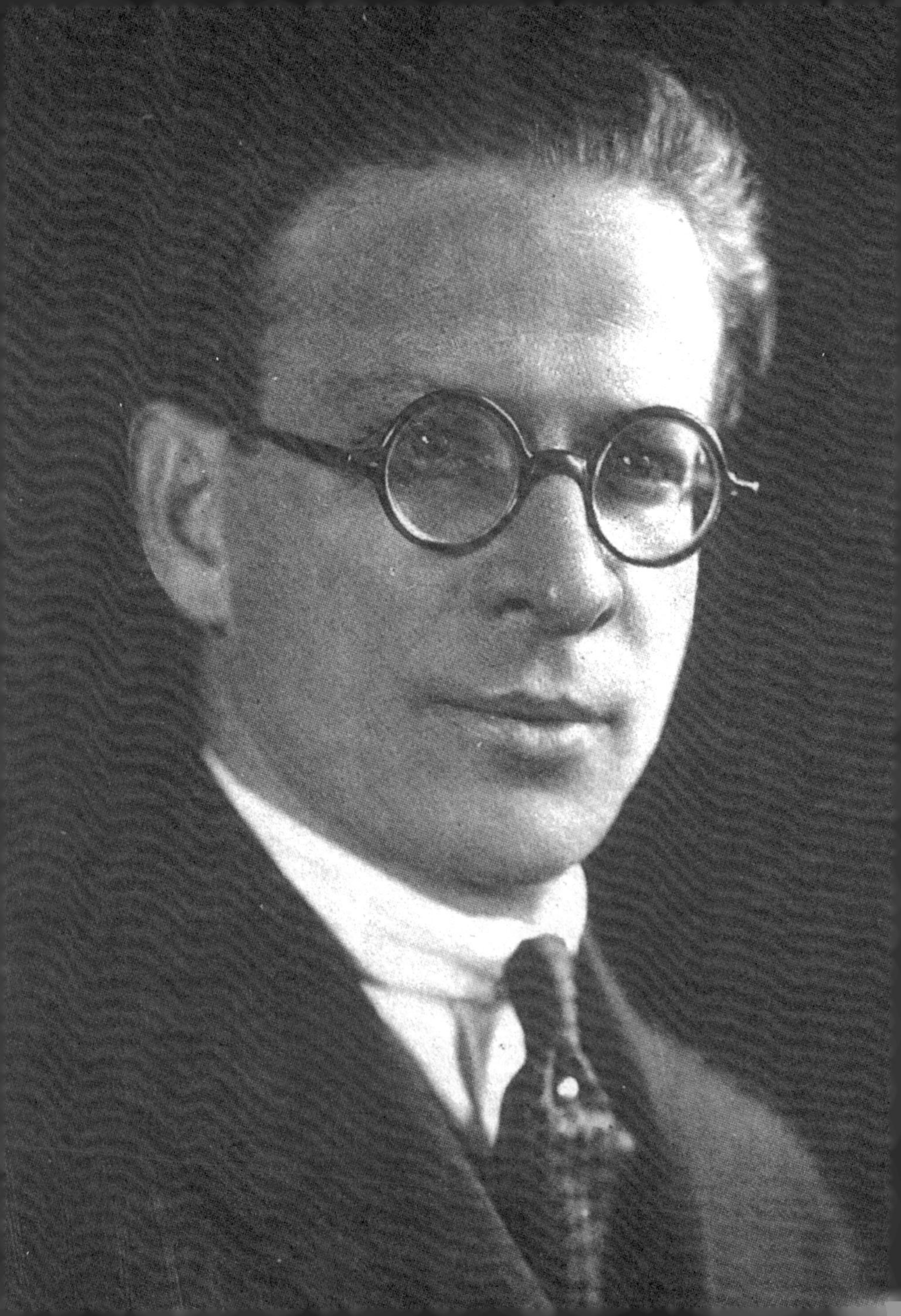

promocionais ou moralizantes na imprensa da época seria um despropósito.

O autor modernista, pau pra toda obra na hora de alinhavar um argumento de melodrama ou de comédia, contribuiu para o lançamento da primeira dupla cômica do cinema falado, Genésio Arruda e Tom Bill (*Acabaram-se os otários*, Luiz de Barros, 1929; *O campeão de futebol*, Genésio Arruda, 1931). Nessas horas, Menotti não cogita em provocar o público, mas em seduzi-lo, em atraí-lo. Seu cinema não é necessariamente modernista, mas a atividade é moderna na essência, fazendo parte da nova cultura urbana que proliferava em São Paulo, apesar de os "cavadores" como José del Picchia, irem procurar financiamento no interior do Estado. Toda a produção dessa época participa da modernidade, apesar de que a maioria dos artesãos autodidatas prefira as formas acadêmicas e apenas uma ínfima minoria cultive o vanguardismo. Apesar do aparente esquecimento, distração ou indiferença na sua entrevista com Maria Rita Galvão, Menotti foi participante ativo do cinema brasileiro durante o período silencioso e na atribulada transição para o sonoro.

Essa ambivalência de Menotti del Picchia em relação à sua própria atividade cinematográfica é reveladora da dicotomia entre o Modernismo, movimento de vanguarda, e a modernidade, numa sociedade urbana atrelada ainda a estruturas rurais arcaicas.

A Semana de Arte Moderna não gerou um movimento orgânico, mas uma profusão de manifestos, obras e autores que iriam rapidamente tomar rumos diferentes, às vezes contraditórios. Menotti del Picchia, Plínio Salgado, Cassiano Ricardo e outros nacionalistas contrapõem o Manifesto Verde-Amarelo (1929) ao Manifesto Antropófago de Oswald de Andrade (1928). Enquanto Plínio Salgado vai chefiar a Ação Integralista Brasileira, que atrai inúmeros intelectuais, Oswald vai se identificar com o Partido Comunista, levado por Patrícia Galvão (Pagu). Apesar da sua virulência contra o "burguês burguês" da *Pauliceia desvairada* (1922), Mário de Andrade vai se afastar desses extremos.

Menotti del Picchia: entre a literatura e o cinema.

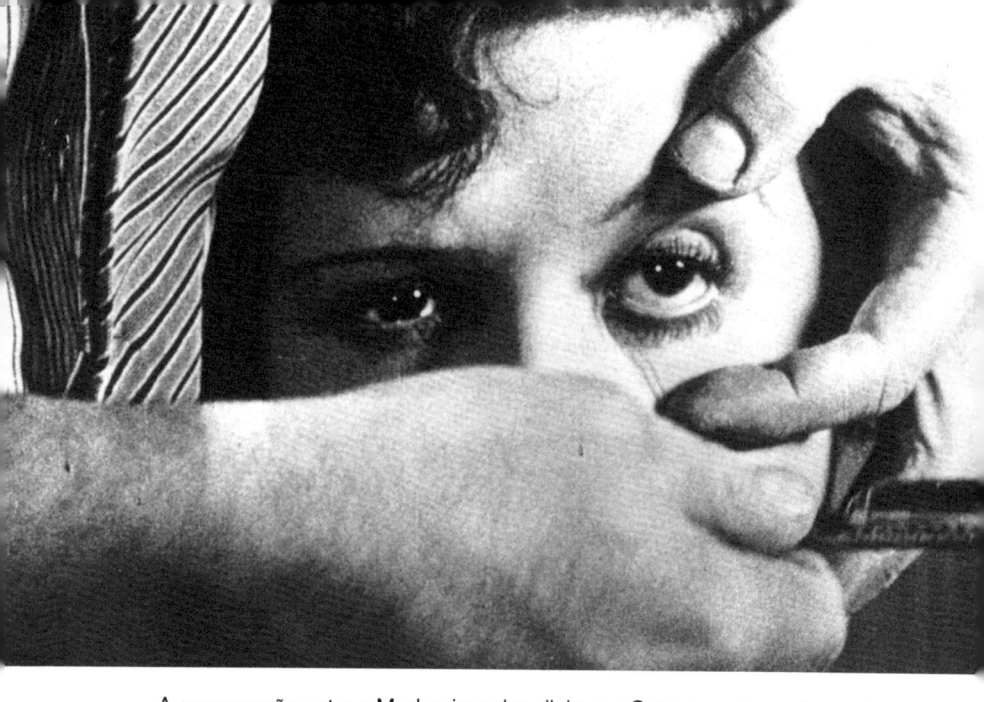

Cena clássica de *Un chien andalou*, de Luis Buñuel.

A comparação entre o Modernismo brasileiro e o Surrealismo, o movimento de vanguarda artística e intelectual mais fértil e prolongado do século XX, pode ser esclarecedora. O Modernismo carece da organicidade do movimento surrealista, que se manteve como grupo compacto entre 1924 e 1969, para alguns inclusive além dessa data. Apesar das cisões e exclusões, o Surrealismo teve uma dimensão internacional, com uma série de manifestações em diversos países, capaz de resistir às deslocações e exílios provocados pela Segunda Guerra Mundial. No entanto, limitar a história do Surrealismo, do seu impacto e influência, às vicissitudes do grupo surrealista de Paris seria uma forma de sectarismo.

Mesmo sem organicidade, o Modernismo mantém suas atividades depois da Semana de 1922. Surgem outros autores, outras obras, em outras regiões do Brasil. Mário de Andrade encarna melhor do que ninguém a consciência modernista, com uma invejável capacidade autocrítica, conforme pode-se perceber na sua famosa Conferência de 1942, autêntico testamento em tempo de guerra. A atividade coletiva do Modernismo teve sua expressão inaugural em 1922 e seus desdobramentos nas diversas revistas modernistas, tão importantes na difusão das vanguardas. O Surrealismo também se expressou sempre através de revistas e não apenas nas exposições coletivas.

Sem compartilhar a ambição teórica de André Breton, Mário de Andrade tem a preocupação de promover e avaliar o Modernismo, seus avanços e tropeços, suas obras e desvios, com certa dose de exigência e insatisfação diante dos desafios contemporâneos. Sem se ater ao "ismo" que ele contribuiu a lançar, Mário equipara Modernismo e modernidade: esta é mais abrangente e fundamental do que o próprio movimento. Os modernistas podem ter se dividido e se perdido, mas ninguém era capaz de segurar a modernidade que ajudaram a imprimir no cenário cultural local. Outros dois personagens são importantes neste contexto. Oswald de Andrade também tem um alto conceito de si mesmo e da sua trajetória. Seu teatro não nega a Antropofagia. Sua tese sobre a utopia tampouco. Flávio de Carvalho, arquiteto, artista plástico, performer, designer, escritor, também atua como um agente versátil do experimentalismo modernista.

O cinema surrealista, caso o foco fique limitado ao grupo de Paris, não ultrapassaria *L'Age d'or* do espanhol Luis Buñuel (França, 1930). Mesmo *Un chien andalou* (França, 1929), de Buñuel e Salvador Dalí, foi feito como cartão de visita para a dupla aderir ao movimento, antes do encontro com Breton e seus amigos. No entanto, o impacto do Surrealismo no cinema foi mais abrangente. Ele propiciou inclusive uma abordagem singular da cinefilia e da história do cinema, que Ado Kyrou soube expressar no seu livro *Le surréalisme au cinéma* (1953)[3] e teve uma ação prolongada nas revistas *L'âge du cinéma* (1951-1952) e *Positif* (1952-).

De forma análoga, a relação entre Modernismo e cinema no Brasil deve ser encarada no quadro mais abrangente da modernidade. Não deve ficar restrita aos integrantes do movimento modernista na sua fase de fundação.

---

3 KYROU, Ado. *Le surréalisme au cinéma*. Paris: Arcanes, 1953.

MÁRIO DE ANDRADE, CRÍTICO APRENDIZ

Além de Menotti del Picchia, pelo menos dois outros participantes da Semana de Arte Moderna de 1922 acompanhavam com o maior interesse os lançamentos cinematográficos em São Paulo: Guilherme de Almeida e Mário de Andrade. A intimidade do autor de *Macunaíma* (1928) com a linguagem cinematográfica inspirou várias críticas de filmes na revista modernista *Klaxon* (1922-1923) e outras publicações, e influenciou poemas e romances. Para Mário de Andrade, há uma décima musa, "nascida neste século, a Musa Cinemática" (1923).[1]

Essa expressão "décima musa" é compartilhada pelo francês Jean Cocteau e o cubano Alejo Carpentier, dois espectadores engajados, ligados às vanguardas. O primeiro dividiu seu tempo entre teatro, cinema, literatura e artes

---

1 ANDRADE, Mário de. "Chronicas de Malazarte – I." In: *América Brasileira*, ano II n° 22, outubro de 1923 apud ESCOREL, Eduardo. "A décima musa – Mário de Andrade e o cinema." In: *Adivinhadores de água*. São Paulo: Cosac Naify, 2005, pp. 109-163.

plásticas. O segundo escreveu críticas e colaborou com o surto de produção comunista em Cuba na década de 1930, antes de trocar o flerte com o Surrealismo pelo "real maravilhoso" dos seus romances. A "décima musa" aparece no título do primeiro artigo de Carpentier sobre cinema (1925)[2] e no poema *Roma* de Cocteau, publicado em 1920, que Mário de Andrade deve ter conhecido:

> Cache-cache terrible ô je
> souffre seul et le soir la cantatrice morte
> Cinéma la dixième muse
> se lève dans toutes les rues[3]

A expressão não vingou, apesar de ter sido aplicada à Musidora, a *vamp* do *collant* preto, estrela dos folhetins do cinema mudo francês e ícone dos surrealistas (*Musidora, la dixième muse*, Patrick Cazals, França, 2013). Na Antiguidade, a poetisa Safo de Lesbos tinha sido chamada de "décima musa" pelo filósofo Platão. A denominação acabou então sendo adotada pelas feministas lésbicas e prevalecendo como símbolo de criatividade feminina em várias línguas.

O interesse dos modernistas brasileiros pelo cinema não é um caso isolado, é característico de outros vanguardistas, desde o fascínio do Futurismo pelas imagens em movimento. Na Rússia, o futurista Vladimir Maiakovski chegou a fazer um filme. Na França, os surrealistas assistiam em grupo aos lançamentos e faziam arruaça quando não apreciavam o espetáculo. Uma parte da segunda vanguarda cinematográfica (1924-1930) tinha sua origem no Dadaísmo e no Surrealismo, com Marcel Duchamp, Man Ray, René Clair, Hans Richter.

Na Espanha, nos anos 1920, Ramón Gómez de la Serna, o grande iniciador do vanguardismo, reconhece a influência do cinema e participa com entusiasmo no Cine Club espanhol, que reúne a intelectualidade sob a batuta de Luis

---

2 CARPENTIER, Alejo. *El cine, décima musa*. Havana: ICAIC, 2011.
3 COCTEAU, Jean. *Poésie (1917-1920)*. In: *Œuvres poétiques complètes*. Paris: Gallimard Bibliothèque de la Pléiade, 1999, pp. 182-183 (originalmente publicado por Editions de la Sirène, Paris, 1920).

Buñuel. Don Ramón consagra um romance a Hollywood, *Cinelandia* (1923), e no seu livro sobre os "ismos" (1931) inclui um capítulo sobre o "charlotismo" (inspirado por Charlot, Carlitos), entre o Dadaísmo e o Surrealismo.[4]

A brilhante geração poética espanhola de 1927, da qual Buñuel e Dalí fazem parte, prestou sua homenagem à sétima arte. Em 1929, Rafael Alberti dedicou poemas aos cômicos Charles Chaplin, Buster Keaton, Harold Lloyd, Stan Laurel e Oliver Hardy, Charles Bowers, Ben Turpin, Larry Seamon, Harry Langdon e Louise Fazenda.[5] Federico García Lorca escreveu uma peça de teatro intitulada *El paseo de Buster Keaton* (1925), e um roteiro, *Viaje a la luna* (1929).[6] Anos depois, Manuel Altolaguirre e Juan Larrea escreveram projetos para Buñuel.

Em Portugal, o poeta Fernando Pessoa escreveu seis argumentos e esteve próximo à atividade cinematográfica em Lisboa.[7] Seus heterônimos não são uma performance literária digna de um grande ator?

Na América Latina, nesse mesmo período, a sétima arte atraiu vários escritores. No México, Alfonso Reyes é considerado um pioneiro da crítica de cinema, apesar de que seus textos são tão episódicos quanto os de Mário de Andrade.[8] No Uruguai, Horacio Quiroga é outro precursor.[9] Na Argentina, Jorge Luis Borges, depois da sua participação na vanguarda "ultraista", escreve críticas de filmes na prestigiosa revista *Sur*.[10]

---

4 GÓMEZ DE LA SERNA, Ramón. *Cinelandia*. Madri: Nostromo, 1974; *Ismos*, Guadarrama, Madri, 1975.
5 UTRERA, Rafael. *Poética cinematográfica de Rafael Alberti*. Sevilha: Fundación El Monte, 2006. Ver também a exaustiva pesquisa de GUBERN, Román. *Proyector de luna: La generación del 27 y el cine*. Barcelona: Anagrama, 1999.
6 UTRERA, Rafael. *García Lorca y el cinema*. Sevilha: Edisur, 1982.
7 PESSOA, Fernando. *Argumentos para filmes*. Lisboa: Ática, 2011 (edição de Patricio Ferrari e Claudia J. Fischer).
8 REYES, Alfonso; GUZMÁN, Martín Luis e ONIS, Federico de. *Frente a la pantalla*. México: UNAM, 1963; PEREA, Héctor. *La caricia de las formas: Alfonso Reyes y el cine*. México: UNAM, 1988.
9 QUIROGA, Horacio. *Espejo del alma: escritos sobre cine*. México: SEP/INBA, 1988; *Arte y lenguaje del cine*. Buenos Aires: Losada, 1997.
10 COZARINSKY, Edgardo. *Borges en/y/sobre Cine*. Madri: Fundamentos/Alphaville, 1981; BORGES, Jorge Luis e COZARINSKY, Edgardo. *Do cinema*. Lisboa: Livros Horizonte, 1983 (existem várias edições e traduções).

No entanto, no Brasil, a voz dominante na bibliografia insiste sobre o divórcio entre o Modernismo e o cinema brasileiro. Autor de um ensaio primoroso, "A décima musa – Mário de Andrade e o cinema", o cineasta Eduardo Escorel prefere as palavras "afastamento" e "defasagem". Sua análise está concentrada em Mário de Andrade, mas a intenção é mesmo esclarecer a relação entre o movimento modernista e o cinema nacional. Talvez por duas razões, uma pessoal e outra mais transcendente. Escorel nasceu em 1945, ano da morte do escritor. No entanto, a familiaridade que ele adquiriu com sua obra e mesmo sua figura, é incomum. Escorel foi o editor do filme *Macunaíma* (Joaquim Pedro de Andrade, 1969) e o diretor de *Lição de Amor* (1975), adaptação de *Amar, verbo intransitivo*, os dois romances de Mário de Andrade.

O Cinema Novo admitiu sua dívida com o movimento modernista. Mas os cineastas brasileiros encontraram também no Modernismo a legitimação necessária num país em que a consideração social de que gozam é das mais flutuantes – é essa uma das únicas constantes em mais de um século de história. O ensaio de Escorel foi escrito em 1992, em circunstâncias dramáticas, em que a produção tinha desaparecido, pois a Embrafilme tinha sido extinta pelo então presidente Fernando Collor de Mello (1990). Ele escreve: "O Modernismo terá fracassado se não houver produção regular de filmes no Brasil." A situação calou no fundo da alma: "O cinema é um dos elos perdidos de uma engrenagem que está desconjuntada."[11]

A ligação de Escorel com Mário de Andrade é intelectual e familiar. A frase que abre o ensaio, que explica a origem da expressão "décima musa", foi sugerida pela sogra do cineasta, Gilda de Mello e Souza, fundadora de *Clima*, revista "herdeira" do Modernismo, de que falaremos mais adiante. Escorel está consciente da sua severidade com Mário: "Seria injusto pretender recriminá-lo por esse afastamento do que se fazia no Brasil em matéria de cinema." Figuras

---

11 ESCOREL, Eduardo, art.cit., p.162.

paternas costumam receber recriminações excessivas, proporcionais às expectativas atribuídas às personalidades de substituição.

Porém, a insatisfação do ensaísta excede à pessoa de Mário: "A ausência do cinema brasileiro na eclosão e nos desdobramentos iniciais do Modernismo é um indício do descompasso que havia na época entre os filmes produzidos no Brasil e as demais formas de manifestação artística." E vice-versa: "Algo de essencial ficou faltando ao Modernismo brasileiro, enquanto o cinema feito no Brasil não realizou também a sua 'ruptura'."

Escorel parece criticar os primeiros passos do cinema feito no Brasil na década de 1920, uma cinematografia quase inexistente, ou pelo menos intermitente e vegetativa, em nome de uma "ruptura" que adquire sentido apenas quando existe uma tradição. O Modernismo literário e plástico rompeu com o academicismo e o parnasianismo. O Cinema Novo certamente realizou algo equivalente na década de 1960. Podiam os cineastas de São Paulo, ou do Rio de Janeiro, ou dos ciclos regionais do período silencioso, provocar uma ruptura individual? Por incrível que pareça, foi o que fez Mário Peixoto com seu filme *Limite* (1931). Mas o seu caso parece a exceção que confirma a regra.

O anacronismo espreita toda análise retrospectiva, quando se examina o passado com a mentalidade atual. Talvez seja inevitável: ninguém foge do presente, das suas circunstâncias. Escorel incorre numa abordagem anacrônica quando lamenta que Mário de Andrade não reconheça a "autoria" da única fita brasileira analisada na *Klaxon, Do Rio a São Paulo para casar* (1921). Mário, crítico aprendiz, omite o nome do diretor, José Medina, e menciona apenas a casa produtora, a Rossi Film.

Ora, a "política dos autores" é uma teoria crítica surgida na França na década de 1950. Ela propicia uma avaliação dos cineastas, divididos em meros artesãos ou, pelo contrário, personalidades capazes de imprimir sua marca no estilo do filme, apesar das convenções da época. A questão não diminui o mérito do poeta modernista: "O exercício da crítica de cinema por Mário revela um avanço considerável em relação à mistura de surpresa e encantamento algo ingênuo dos primeiros cronistas, no início do século, diante da novidade técnica", admite Escorel.

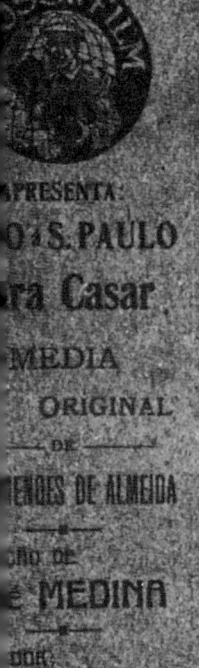

Porém, sua crítica da crítica marioandradina está baseada em outra confusão imperdoável para um cinemanovista como Escorel: a consideração do cinema como "arte norte-americana". Além de valorizar *Do Rio a São Paulo para casar* por ser uma "tentativa de comédia" numa produção dominada por melodramas, Mário escreve: "Transplantar a arte norte-americana para o Brasil! Grande benefício." Na opinião de Escorel, isso equivaleria a recusar "a possibilidade de se fazer no Brasil um cinema não transplantado".

Trocando em miúdos, Mário não consideraria o cinema como uma linguagem, mas como simples meio de registro técnico. Novamente, Escorel apela para conceitos inexistentes na época, mesmo em figuras com a intuição de Mário de Andrade, capaz de perceber que o público brasileiro apreciaria mais a comédia do que o melodrama.

Cartaz do filme *Do Rio a São Paulo para casar*, de José Medina, único filme brasileiro analisado na *Klaxon*.

TEMPO DE FUNDAÇÃO

Pearl White: heroína do cinema norte-americano e preferida dos modernistas, em detrimento da francesa Sarah Bernhardt (à direita).

   Na verdade, as dicotomias de 1922 eram outras, que não coincidem com o viés anti-hollywoodiano do Cinema Novo, herdado do Partido Comunista. Como na grande polêmica da década de vinte sobre a educação, as polarizações então eram diferentes. Os partidários do ensino público e laico e da modernização dos programas apoiavam sua argumentação na experiência dos Estados Unidos. Em compensação, as escolas privadas católicas louvavam a velha Europa para disfarçar o seu tradicionalismo religioso.
   Ora, o Modernismo também privilegia as influências vindas da América do Norte contra o ranço acadêmico lusitano ou francês. Na hora de agitar as águas paradas do conformismo com uma palavra de ordem modernista, era bem pertinente a preferência de *Klaxon* pela atriz Pearl White, heroína dos *serials* hollywoodianos, em lugar da Sarah Bernhardt, a vaca sagrada do teatro europeu.

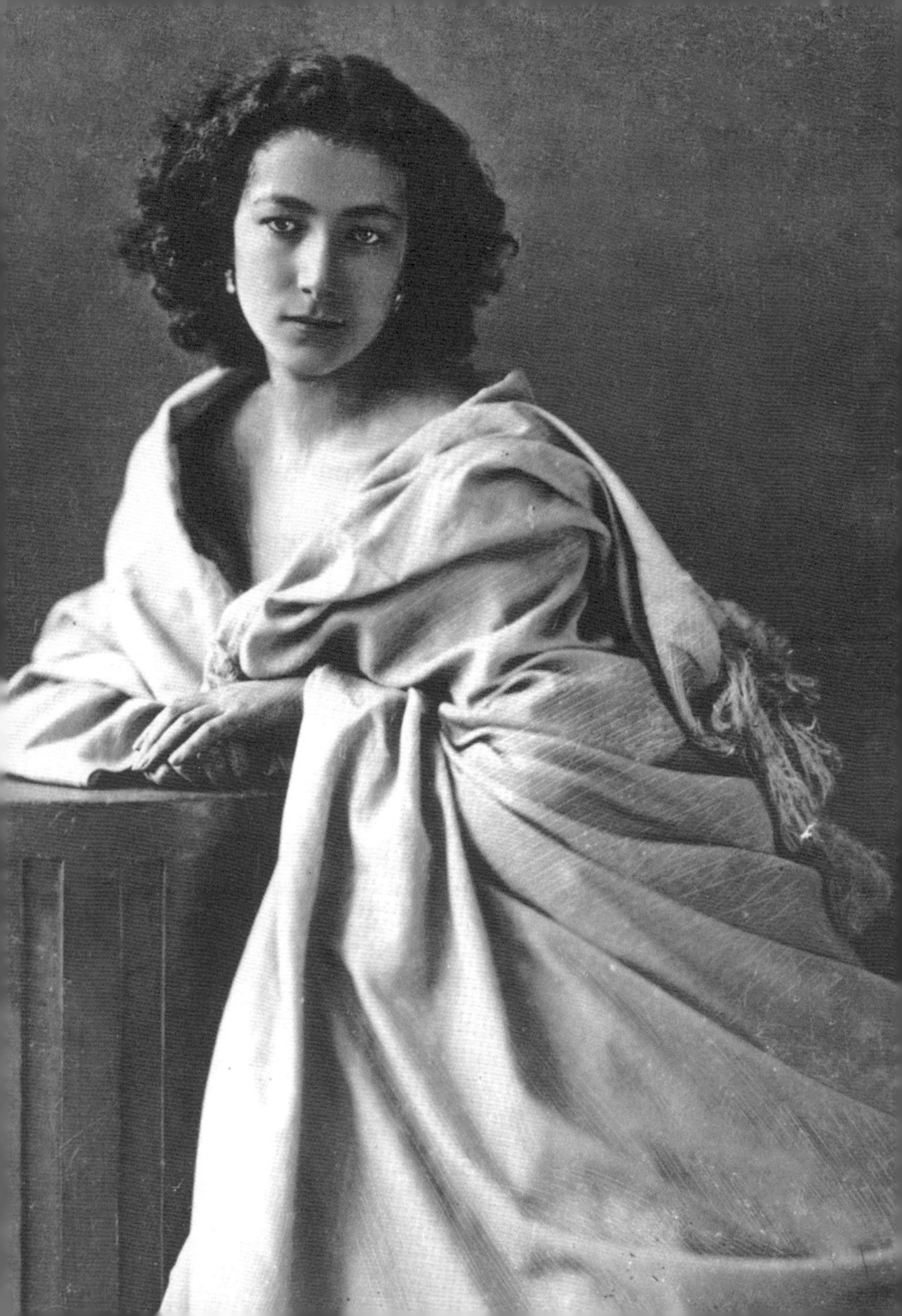

A primeira simbolizava mesmo o novo século XX, enquanto a segunda encarnava o detestado século XIX:

> *Klaxon* sabe que o cinematógrafo existe. Pérola White é preferível a Sarah Bernhardt. Sarah é tragédia, romantismo sentimental e técnico. Pérola é raciocínio, instrução, esporte, rapidez, alegria, vida. Sarah Bernhardt = século XIX. Pérola White = século XX. A cinematografia é a criação artística mais representativa da nossa época. É preciso observar-lhe a lição.[12]

---

12 *Klaxon* nº 1, São Paulo, 15 de maio de 1922, pp.1-3.

MOD
ERN
ISMO
+90

GUILHERME DE ALMEIDA, CRONISTA ESNOBE

O poeta Guilherme de Almeida (1890-1969), um dos fundadores da revista modernista *Klaxon*, foi a partir de 1926 e durante anos a fio o crítico de cinema do jornal *O Estado de S. Paulo*. Ele escrevia uma coluna diária, "Cinematógraphos", assinada com a inicial G. Foi o autor de um dos primeiros livros sobre o assunto publicados no Brasil, *Gente de Cinema*.[1] Em 1930, foi o primeiro modernista a entrar para a Academia Brasileira de Letras. Na década de 1950, seria um colaborador literário da Companhia Cinematográfica Vera Cruz, uma das principais tentativas de produção industrial no país.[2]

---

1 ALMEIDA, Guilherme de. *Gente de Cinema*. São Paulo: Sociedade Impressora Paulista, 1929.
2 A Vera Cruz surge em 1949, na sequência do Teatro Brasileiro de Comédia, com o apoio de importantes industriais de São Paulo. Para implantar o sistema de produção em estúdios, trouxeram técnicos estrangeiros, sob a supervisão do brasileiro Alberto Cavalcanti, cineasta respeitado na França e na Grã-Bretanha, onde trabalhara até então. A empresa faliu em 1954, depois de produzir dezoito longas-metragens: o mais conhecido é *O cangaceiro* (Lima Barreto, 1953).

De Antuerpia (Belgica) chega-nos ás mãos o numero de Março ultimo de "LUMIÈRE", orgão representativo do novo pensamento belga. No summario, o que ha de bom: Roger Avermaete, Bob Claessens, Charles Cros, Guilherme de Almeida, Armand Henneuse, Andreas Latzko, Serge Milliet, Marcel Millet... Bellas gravuras em madeira, assignadas por Walter Grammaté e pelos flamengos Henri van Straten, Joris Minne e Jan Cantré. Grande espirito de selecção, direcção graphica notavel.

"LUMIÈRE" precisa ser lida.

* * *

Editado por "LUMIÈRE", o curioso desenhista Van Straten lança um album de gravuras em madeira: "LA DORMEUSE. Como todas as publicações que sáem da grande revista editora, o poema sem palavras do artista flamengo é amostra brilhante do moderno espirito belga. Seis estampas soltas. Um thema arrojado, tratado com uma linda liberdade. Van Straten é realista, mas de um realismo de sonho. Os detalhes que commenta e que em outros seriam brutaes, parecem sempre bellos pela espiritualidade que lhes accrescenta. Grande força synthetica. Primitivismo adoravel.

CINEMAS

DO RIO A SÃO PAULO PARA CASAR

A empresa Rossi apresenta uma tentativa de comedia. Applausos. Transplantar a arte norte-americana para o Brasil! Grande beneficio. Os costumes actuaes do nosso paiz conservar-se-hiam assim em documentos mais verdadeiros e completos que todas as "coisas-da-cidade" dos chronistas.

Photographia nitida, bem focalizada. Aquellas scenas nocturnas foram tiradas ao meio-dia, com sol brasileiro... Filmadas á tardinha, o rosado não sendo photogenico, a producção sahiria sufficientemente escura. Isso emquanto a empresa não conseguir filmar á noite.

O enredo não é máu. Fôra preciso extirpal-o de umas tantas incoherencias.

A montagem não é má. Fôra preciso extirpal-a de umas tantas incoherencias.

O galã, filho de uma senhora apparentemente abastada, por certo teria o dinheiro necessario para vir de Campinas a S. Paulo. A sala e o quarto de dormir da casa campineira brigam juntos. Aquella burguesa, este pauperrimo. Accender phosphoros no sapato não é brasileiro. Apresentar-se um rapaz á noiva, na primeira vez que a vê, em mangas de camisa, é imitação de habitos esportivos que não são nossos. E outras coisinhas.

E' preciso comprehender os norte-americanos e não macaqueal-os. Aproveitar delles o que têm de bom sob o ponto de vista technico e não sob o ponto de vista dos costumes. Artistas regulares. Pouco photogenicos. Porque não usam pó de arroz azul? De quando em quando um gesto penosamente ridiculo... Num film o que se pede é vida. E' preciso continuar. O apuro seria preconceito esterilizante no inicio de empreitada tão difficil como a que a Rossi Film se propõe.

Applauso muito sincero. Seguiremos com enthusiasmo os progressos da cinematographia paulista.

R. DE M.

THE KID — Charles Chaplin

A obra magistral de Carlito, vae ser representada em S. Paulo. Trabalho marcando uma era. Jámais foi attingido interpretativamente o grau registado ahi. Passa da alçada commum do film. Vemos onde pode chegar o cine e como elle deve ser. "The Kid" é integral, harmonico com a época. Nelle Chaplin, por sua vez, está na culminancia da sua arte.

Chegou magistralmente ao fim da evolução de que dera mostras desde "O Vagabundo": Carlito artista, director, enscenador, creador de um genero inteiro novo, interprete ainda nunca visto; e acima de tudo immensamente humano. Ao seu lado, o pequeno Jackie Coggan produziu sensação. A critica européa, em geral pouco indulgente para com o cine yankee, foi unanime em elogia-lo. Sua apparição na téla, devida a Carlito director, e seu jogo scenico é simplesmente prodigioso. Assim, entre outros, disse J. G. Boissiére, autoridade na materia.

Em synthese: The Kid é uma revelação.

LUZES
E REFRACÇÕES

na Academia Brasileira de Lettras, a respeito do monumento a Machado de Assis, o sr. Afranio Peixoto lembrou "os dois maiores esculptores brasileiros: Bernardelli e Correia Lima."... Nosso querido Graça Aranha aparteou: "E porque não Brecheret?". O sr. João Ribeiro: "Quem é Brecheret?" Respondemos: Victor Brecheret é um esculptor paulista actualmente em Paris. Seus trabalhos tambem são aceitos no Salão de Outomno. Varias revistas do Rio já reproduziram obras suas. A "Eva" descansa nos jardins do Anhangabahú. Brecheret é tão forte artista que, em vez de copiar a natureza, crea tirando ape-

Na sua coluna "Cinematógraphos", Guilherme de Almeida vai tematizar explicitamente e sistematizar a opção preferencial pelos Estados Unidos contra o velho continente. Para ele, o cinema norte-americano simbolizava o novo, a mudança nos costumes, o sentido do humor, a emancipação e a beleza das mulheres, contra o ranço acadêmico, moralista, melodramático ou trágico dos filmes europeus.

Guilherme de Almeida não duvida em apelar para o *star system* de Hollywood como encarnação de um novo modelo de comportamento feminino apresentado às paulistanas. Sua opção estética parece subordinada a uma proposta sociológica e psicológica: a modernização de São Paulo. Sua crítica e suas crônicas cinematográficas estão inteiramente direcionadas para os leitores brasileiros do seu jornal. Sua "militância" no cinema é a continuação por outros meios da sua batalha pelo Modernismo.

O cinema não é apenas uma nova arte, uma expressão do século XX. Para Guilherme de Almeida, é também um instrumento para arejar, atualizar, mudar a mentalidade dos paulistas. Ele não hesita em defender o cinema contra o velho teatro, nem em criticar a censura, muito dependente da Igreja católica, contrariando assim o "cosmopolitismo" religioso da metrópole paulistana. Não existe, do seu ponto de vista, contradição alguma entre seu americanismo na apreciação de filmes e o seu nacionalismo modernista. Na programação disponível em São Paulo, ele fez sua escolha e assume, não apenas em nome da "arte cinematográfica", como da modernização da plateia local, a única sobre a qual ele tem alguma influência.

A diferença entre Guilherme de Almeida no *Estado de S. Paulo* e Mário de Andrade em *Klaxon* é o esnobismo elitista do primeiro, que mistura palavras e frases em francês ou inglês nas suas crônicas, para provar sua sintonia com as publicações europeias ou norte-americanas e atrair a cumplicidade do leitor.[3] A opção popular de Mário transparece no seu entusiasmo por Charles Chaplin.

Crítica de cinema na página da *Klaxon*: opção popular de Mário de Andrade.

---

3 BORGES PINTO, Maria Inez Machado. "Cinematógraphos: o cinema e a construção da brasilidade moderna na Belle Époque", 2008. Disponível em <http://www.mnemocine.com.br/index.php/cinema-categoria/24-histcinema/91-maria-inez-machado-borges-pinto>

"A grande superioridade da cinematografia americana sobre a maior parte da europeia é devida sobretudo ao fato de que os diretores ianques não consideram a tela como um teatro inferior e quase caricatural. Enquanto as firmas francesas andam à caça de estrelas da Comédie Française e até de cantores da Ópera para interpretar seus filmes, os estúdios da Califórnia acolhem artistas especializados, treinados para a tela, possuidores de uma mímica poderosa e versados nos menores segredos da câmera", escreve em 1925 o cubano Alejo Carpentier, outro admirador de Carlitos.[4]

O espanhol Luis Buñuel também preferia o *slapstick* norte-americano, cheio de *nonsense* anglo-saxão, em lugar da pretensão dos filmes "artísticos" europeus, que ele detestava. Mesmo tendo ficado aborrecido com um estágio nos estúdios de Hollywood, ele mostraria depois, na República Espanhola e no México, que tinha assimilado as lições da produção industrial e se gabava da sua competência técnica.

"É preciso compreender os norte-americanos e não macaqueá-los", adverte a matéria de Mário de Andrade em *Klaxon* criticada por Eduardo Escorel. "Transplantar" não significa, portanto, imitar, copiar. Mário era uma personalidade complexa, capaz de apreciar ao mesmo tempo a música clássica e o folclore recolhido durante suas expedições pelo Brasil afora. Contrariamente aos esquemas em voga na esquerda, que continuam a vingar por aí, ele não opunha cultura erudita e cultura popular, nem desprezava as benesses das elites para propagar as novas ideias. Sua oposição entre o arcaico e o moderno era abrangente, ela não excluía a nova produção de massa, a cultura urbana em plena expansão. Podia às vezes ficar tonto diante de uma novidade, como sua primeira impressão do carnaval carioca, mas depois, além de gozar a folia, expressava uma compreensão rara dessa manifestação tão nossa.

Além de seis textos sobre Carlitos, Mário de Andrade escreveu oito artigos que podemos considerar críticas de filmes, um deles o dedicado a *Do Rio a São Paulo para casar*,

---

4 CARPENTIER, Alejo. Op.cit., p. 19.

no segundo número de *Klaxon*, junto ao primeiro elogio de *The Kid* de Chaplin. Ambos cumprem assim o compromisso do manifesto de lançamento da revista: "A cinematografia é a criação artística mais representativa da nossa época. É preciso observar-lhe a lição." Contrariando a visão de que Mário teria escrito sobre um só filme brasileiro, esse destaque do segundo número de *Klaxon* admite outra interpretação. Além disso, três outros textos constituem uma reflexão geral sobre o momento do cinema ou a transição ao sonoro.

O objetivo da reduzida produção do líder modernista é estabelecer um diálogo entre pensadores e criadores do cinema contemporâneo e os leitores brasileiros. E a importância dos artigos de *Klaxon* é o seu absoluto pioneirismo em relação às demais revistas literárias ou culturais do Brasil, uma singularidade inclusive no contexto das outras publicações modernistas. Quase todos os números de *Klaxon* contêm matéria sobre cinema. Concentrar a análise em Mário de um lado e nas fitas brasileiras do outro transforma o encontro entre o Modernismo brasileiro e o cinema em divórcio prematuro.

O ensaio minucioso de Escorel teve ilustres antecedentes na crítica e na academia. Talvez o primeiro a falar em desencontro tenha sido Paulo Emilio Salles Gomes. Na sua obra-prima, *Humberto Mauro, Cataguases, Cinearte* (1974), o "pai" dos estudos sobre cinema no Brasil dedica duas páginas às relações entre a revista modernista *Verde*, editada em Cataguases, e o pequeno surto fílmico da Zona da Mata. O grupo que publicava a revista era formado por jovens entusiastas, alguns ainda adolescentes. O primeiro número, em setembro de 1927, dedica uma nota elogiosa à fita *O thesouro perdido* de Humberto Mauro, filmada na cidade. Na sua curta existência, *Verde* praticamente não volta a mencionar o esforçado aprendiz de cinema de Cataguases.

No entanto, o grupo da revista visitou os estúdios da Phebo durante a filmagem de *Sangue mineiro* (1929) e registrou o fato numa fotografia onde os modernistas posaram ao lado de Humberto Mauro. A breve resenha de Paulo Emilio pode ser interpretada tanto como sinal das relações entre

Verde e o cineasta, superficiais mas reais, ou pelo contrário, como expressão de uma relativa indiferença. O autor opta pela versão pessimista:

> Os modernistas de Cataguases, como os de todo o Brasil, talvez com as únicas exceções de Mário de Andrade e Menotti del Picchia, ignoraram o cinema nacional, ao mesmo tempo em que os cineastas brasileiros daquele tempo, excetuando Mário Peixoto – também poeta moderno – não sabiam sequer que o Modernismo existia.[5]

Essa interpretação é retomada por Ismail Xavier, apesar de que sua própria leitura de *Verde* registra a fé da revista "no progresso da cinematografia no Brasil" e no "Humberto Mauro que, contra a rotina e má vontade, trabalha para construir ali mesmo [em Cataguases] uma futura 'Hollywood-mirim'".[6] Parece até um paradoxo. No entanto, essa avaliação negativa virou uma *doxa* da historiografia do cinema brasileiro. Talvez porque os comentaristas adotaram inconscientemente como marco zero da modernidade o Cinema Novo, admitindo precursores e legitimadores (Mário de Andrade ou Humberto Mauro), porém não mais do que isso. Essa versão do desencontro está a serviço de uma dramaturgia com final feliz na década de 1960. A concepção cíclica da história, o eterno recomeçar, é o inconsciente coletivo dos nossos cinemaníacos.

Mesmo achando que "a cinematografia é uma arte que possui muito poucas obras de arte", Mário de Andrade nunca deixou de ir à caça de alguma novidade (escreveu sobre *Fantasia*, desenho animado norte-americano de Walt Disney, em 1941). Em 1922, o cinema paulista era provavelmente paupérrimo. Quase todas as fitas desapareceram, uma avaliação, portanto, é problemática. As mais pretensiosas eram um conjunto de exaltações patrióticas, que estava literalmente mais próximo de Olavo Bilac (autor das legendas de *Pátria*

---

5 SALLES GOMES, Paulo Emilio. *Humberto Mauro, Cataguases, Cinearte*. São Paulo: Perspectiva e Edusp, 1974, pp. 172-173.
6 XAVIER, Ismail. "Modernismo e Cinema". In: *Sétima arte: um culto moderno*. São Paulo: Perspectiva, 1978, pp. 141-166.

brasileira, Guelfo Andaló, 1917) do que das exigências de Mário de Andrade. Fica, porém, uma dúvida: se no Rio de Janeiro os modernistas Manuel Bandeira, Emiliano Di Cavalcanti, Heitor Villa-Lobos, Cícero Dias, frequentavam a Lapa musical, porque os paulistas ficaram afastados do teatro amador e do cinema popular? Por espírito aristocrático?

Nesse contexto de análise do Modernismo, o foco nos textos de Mário de Andrade acabou conferindo-lhes uma importância excessiva. Ele não foi um crítico de cinema como Guilherme de Almeida, com uma crônica diária durante várias décadas. E apesar do pessimismo persistente dos comentaristas, o encontro entre modernistas e cinema foi intenso, deslumbrante e prolongado. O título do livro de estreia do diretor da *Revista de Antropofagia*, Antonio de Alcântara Machado, é *Pathé Baby* (1926), a marca de uma popular câmera. Oswald de Andrade e Mário de Andrade assimilaram a linguagem fílmica ao ponto de integrá-la na sua narrativa, em *Os Condenados* (1922) e *Memórias sentimentais de João Miramar* (1924) do primeiro, *Amar, verbo intransitivo* (1927) do segundo, praticamente ao mesmo tempo que o escritor norte-americano John dos Passos.[7]

Na percepção de Mário, a irrupção do cinema favoreceu a revolução formal das artes e uma reinserção na cultura urbana em plena efervescência. Ele nunca pretendeu criar uma nova disciplina com seus textos sobre a sétima arte, apenas mostrar sua sensibilidade e abertura à "décima musa", integrar o cinema à sua reflexão geral sobre a cultura brasileira – pois nisso jamais houve a menor ambiguidade, os destinatários da conversa sem fim de Mário são os seus conterrâneos.

---

7 SANTOS CUNHA, João Manuel dos. *A lição aproveitada: Modernismo e cinema em Mário de Andrade*. Cotia: Ateliê Editorial, 2011. Ver também o prefácio de Haroldo de Campos em ANDRADE, Oswald de. *Obras Completas*. Rio de Janeiro: Civilização Brasileira, 1971, vol. 2.

CARLOS DRUMMOND DE ANDRADE, POETA SAUDOSISTA

Mário de Andrade escreveu apenas dezenove textos sobre cinema, alguns deles curtíssimos.[1] Seis deles foram dedicados à exaltação e análise de Charles Chaplin. O leitor de hoje pode julgar sua valorização excessiva. Deve até discordar da subestimação do cômico norte-americano Buster Keaton. No entanto, a figura de Carlitos dominou durante muito tempo o cenário internacional e estimulou a imaginação de poetas e escritores pelo mundo afora, como os antigos surrealistas franceses Philippe Soupault e Georges Sadoul, além do célebre cineasta russo Serguei Eisenstein. Para o marxista peruano José Carlos Mariátegui, Carlitos "artística e espiritualmente, supera, hoje, o teatro de Pirandello e o romance de Proust e de Joyce".[2]

---

[1] ANDRADE, Mário de. *No cinema*. Org. Paulo José da Silva Cunha. Rio de Janeiro: Nova Fronteira, 2010.
[2] MARIÁTEGUI, José Carlos. "Esquema de una explicación de Chaplin" (1928). In: *El alma matinal y otras estaciones del hombre de hoy*. Lima: Amauta, 1981, p. 70.

No Brasil, basta lembrar a fundação do requintado Chaplin Club, no Rio de Janeiro em 1928, e os ensaios do escritor carioca Carlos Heitor Cony e do crítico baiano Walter da Silveira, quatro décadas depois.[3] O vagabundo de bengalinha e chapéu-coco é o melhor símbolo do universalismo do cinema, da sua capacidade de atravessar todas as fronteiras culturais e sociais, sem necessidade de mediações.

"Não há hoje no mundo, em qualquer domínio de atividade artística, um artista cuja arte contenha maior universalidade que a de Charles Chaplin. A razão vem de que o tipo de Carlito é uma dessas criações que, salvo idiossincrasias muito raras, interessam e agradam a toda a gente. Como os heróis das lendas populares ou as personagens das velhas farsas de mamolengo", escreveu o modernista Manuel Bandeira.[4] "Descendo até o público, não só não se vulgarizou, mas ao contrário ganhou maior força de emoção e de poesia. A sua originalidade extremou-se. Ele soube isolar em seus dados pessoais, em sua inteligência e em sua sensibilidade de exceção, os elementos de irredutível humanidade. Como se diz em linguagem matemática, pôs em evidência o fator comum de todas as expressões humanas", agrega o poeta de Pasárgada.

O mineiro Carlos Drummond de Andrade escreveu uma ode, *Canto ao homem do povo Charlie Chaplin*, que encerra a coletânea *A Rosa do Povo* (1945), logo depois da sua elegia fúnebre *Mário de Andrade desce aos infernos*. O "cantor teimoso", "vindo da cidadezinha do interior", escreve a Carlitos "para dizer-te como os brasileiros te amam". Ele não fala somente em seu próprio nome:

> Falam por mim os que estavam sujos de tristeza e feroz
> [desgosto de tudo,
> que entraram no cinema com a aflição de ratos fugindo da vida,

---

[3] CONY, Carlos Heitor. *Charles Chaplin*. Rio de Janeiro: Civilização Brasileira, 1967; SILVEIRA, Walter da. *Imagem e Roteiro de Charles Chaplin*. Salvador: Editora Mensageiro da Fé, 1970.
[4] BANDEIRA, Manuel."O heroismo de Carlito." In: *Crônicas da província do Brasil* (1937), *Poesia e prosa*, Rio de Janeiro: José Aguilar, 1958, vol. II, pp. 242-245.

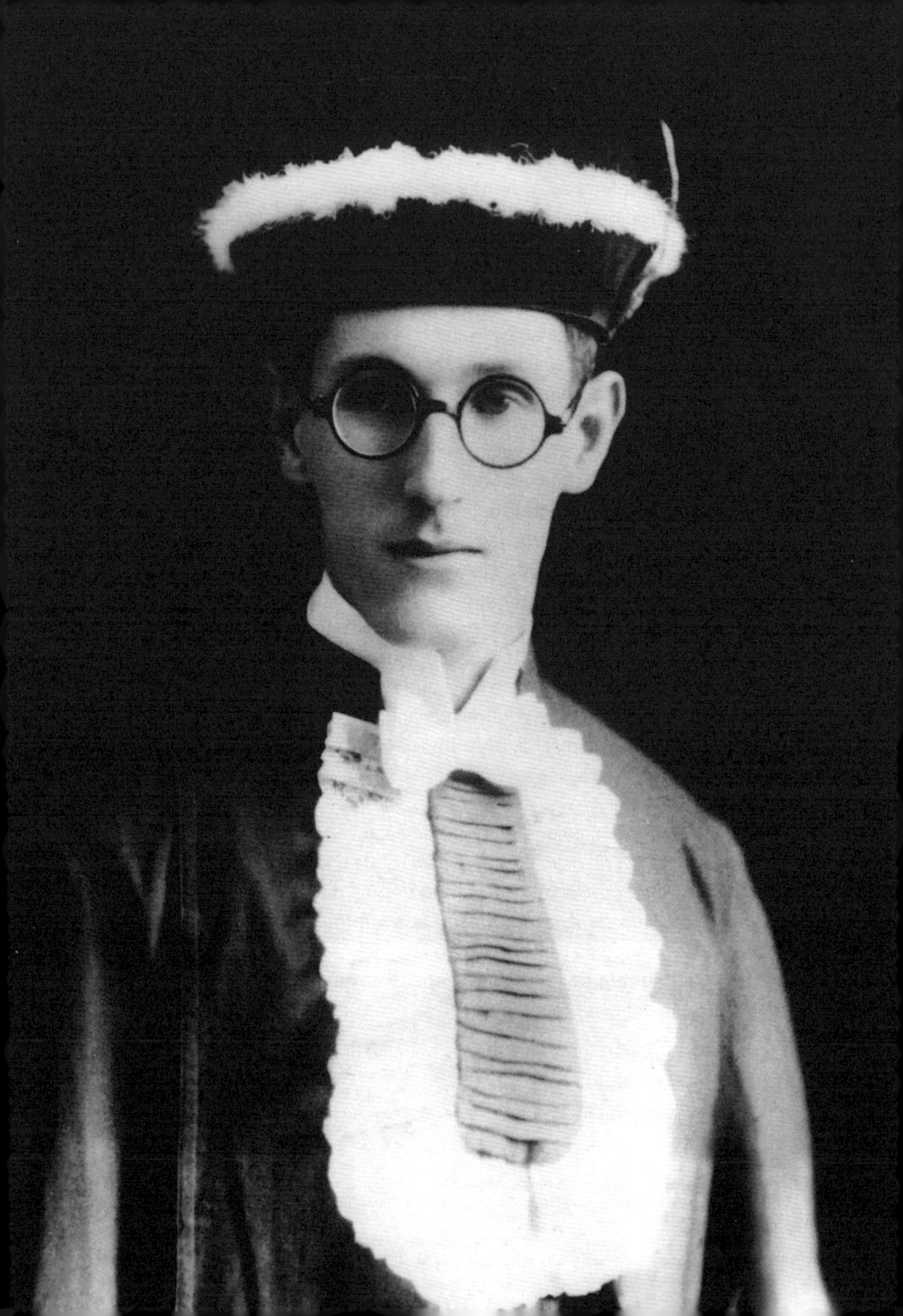

são duas horas de anestesia, ouçamos um pouco de música,
visitemos no escuro as imagens – e te descobriram e salvaram-se.

Falam por mim os abandonados da justiça, os simples de coração,
os párias, os falidos, os mutilados, os deficientes, os recalcados,
os oprimidos, os solitários, os indecisos, os líricos, os cismarentos,
os irresponsáveis, os pueris, os cariciosos, os loucos e os patéticos."[5]

Drummond acaba seu poema com um verso que lembra a imagem final de certos filmes do artista: "Ó Carlito, meu e nosso amigo, teus sapatos e teu bigode caminham numa estrada de pó e esperança." O tom engajado se insere perfeitamente na coletânea marcada pelo clima da Segunda Guerra Mundial. Mas a cadência e a liturgia da homenagem se transformam insensivelmente em lírica evocação do estilo e das peripécias do personagem. Os versos descrevem e destrincham os detalhes e particularidades do comediante, o seu "ofício", com lembranças precisas das fitas. Por exemplo, o figurino aparentemente desleixado e tão cuidadosamente elaborado: "A noite banha tua roupa", "és condenado ao negro", "tuas calças confundem-se com a treva", "noturno cidadão de uma república enlutada". Ou então a maquiagem: "O bigode/ negro cresce em ti como um aviso/ e logo se interrompe."

A "fome dos que não foram chamados à ceia celeste ou industrial", a solidão, os cenários de desolação, os enredos singelos inspiram outras sequências de versos. Os filmes mudos desembocam naturalmente em *Tempos modernos* (*Modern Times*, Chaplin, Estados Unidos, 1936): "Maquinismos,/ telegramas em série, e fábricas e fábricas/ e fábricas de lâmpadas, proibições, auroras." Apesar da ênfase social, a admiração e gratidão de Drummond não era circunstancial, ela não esmoreceu com o tempo. Anos depois, ele escrevia "A Carlito", incluído em *Lição de coisas* (1962): "Velho Chaplin, a vida está apenas alvorecendo/ e as crianças do mundo te saúdam."[6]

A poesia de Charlie Chaplin é tema de poema de Drummond, publicado em *A Rosa do povo*.

5 ANDRADE, Carlos Drummond de. *Poesia e prosa*. Rio de Janeiro: Nova Aguilar, 1992, pp. 178-184.
6 Ibid., pp. 322-323.

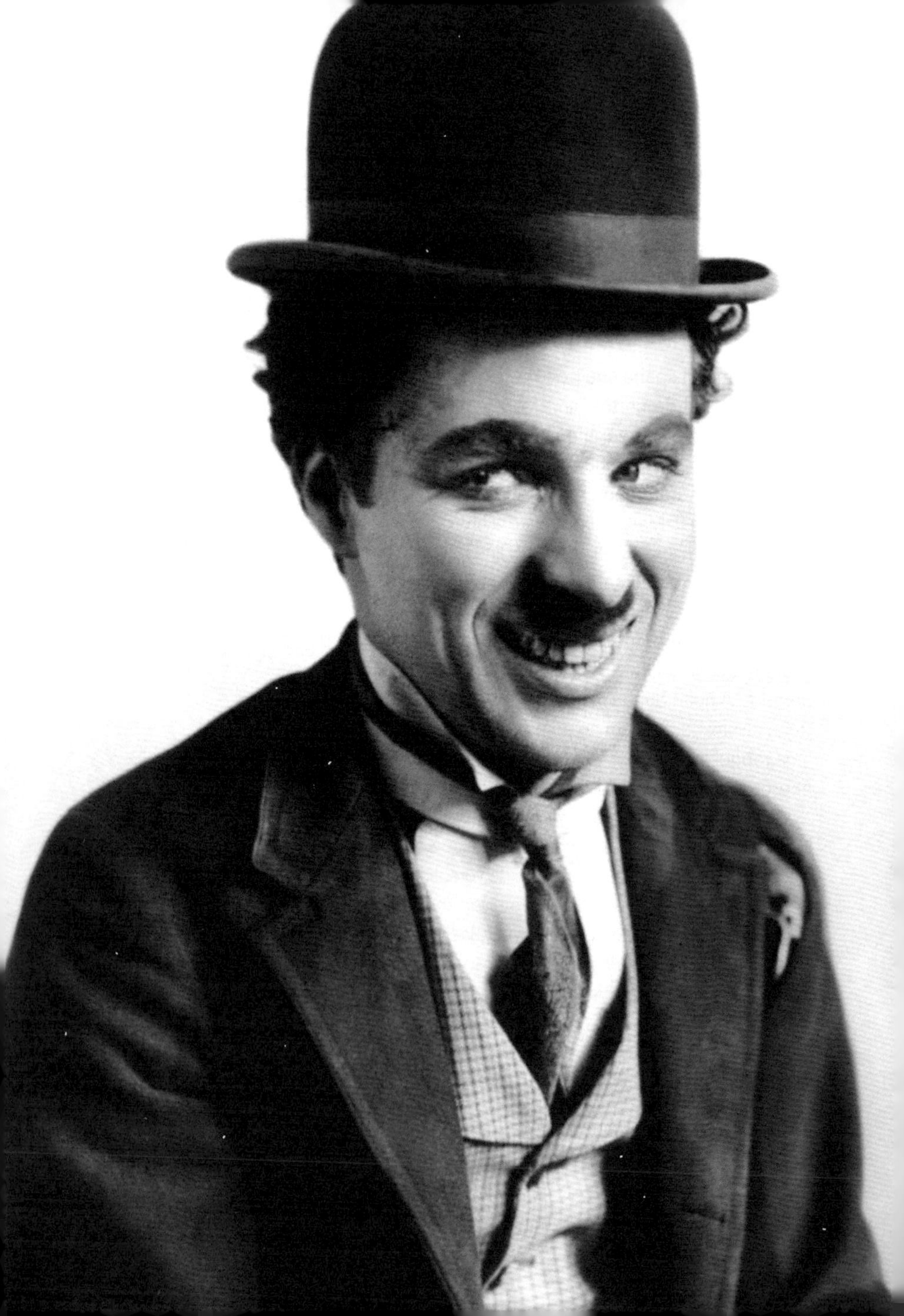

Carlitos não é a única estrela no firmamento do poeta de Itabira. Na sua coletânea memorialística *Boitempo* (1968), ele dedicou vários poemas ao cinema mudo. "Não gostei do *Martírio de São Sebastião*./ Pouco realista./ Se caprichassem um tanto mais?.../ Prefiro mil vezes *Max Linder Asmático*", escreve em *Sessão de cinema*.[7] O cômico francês Max Linder, que teve seu momento de glória, era certamente um bom antídoto contra os filmes de exaltação religiosa tão frequentes no período silencioso. Em *O grande filme*, Drummond trata com a mesma irreverência a superprodução *Intolerância* (*Intolerance*, David W. Griffith, Estados Unidos, 1916), considerada um marco da história do cinema:

> É grandioso demais para a minúscula
> visão minha da História, e tudo aquilo
> se passa num mundo estranho a Minas
> e à nossa ordem sacramental, sob a tutela
> do nosso bom Governo, iluminado
> por Deus.
> Esmaga-se esse monstro de mil patas.
> Saio em fragmentos, respiro o ar
> puríssimo de todas as montanhas.
> Intolerância? Aqui no alto, não,
> desde que se vote no Governo.[8]

A ironia não tem como alvo o cinema norte-americano em geral, mas um filme solene, monumental, inspirado aliás pelo que o cinema europeu vinha fazendo. Em outros versos, Drummond menciona produções da Fox ou da Paramount sem restrições. Em compensação, *O fim das coisas* revela um autêntico drama pessoal:

> Fechado o cinema Odeon, na Rua da Bahia.
> Fechado para sempre.
> Não é possível, minha mocidade
> fecha com ele um pouco.
> Não amadureci ainda bastante

Chaplin: fascínio entre modernistas.

[7] Ibid., pp. 663-664.
[8] Ibid., pp. 698-699.

para aceitar a morte das coisas
que minhas coisas são, sendo de outrem,
e até aplaudi-la, quando for o caso.[9]

Joan Crawford: In Memoriam, incluído em *Discurso de primavera e algumas sombras* (1977), lamenta o desaparecimento do *star system*, um dos pilares de Hollywood:

No firmamento apagado
não luciluzem mais estrelas de cinema.
Greta Garbo
passeia incógnita a solidão de sua solitude.
Marlene Dietrich
quebrou a perna mítica de valquíria.
Joan Crawford,
produtora de refrigerantes, o coração a matou.
O cinema é uma fábula de antigamente
(ontem passou a ser antigamente)
contada por arqueólogos de sonho, em estilo didático,
a jovens ouvintes que pensam em outra coisa.
O nome perdura. Também é outra coisa.[10]

No mesmo livro, a confissão mais incrível do poeta é o seu *Retrolâmpago de amor visual*: "Namoradas mortas/ tenho mais de cem", começa escrevendo. Em seguida faz uma enumeração digna do catálogo das conquistas de Don Juan, com nomes de estrelas do cinema, a maioria delas norte-americanas, algumas europeias. "Namoradas mortas?/ Tenho mais de mil./ E das sem notícias/ tenho outras tantas", admite o autor, diante da imensidão da sua lista: "A todas recordo/ e sumiram todas." O final é mais melancólico do que saudosista:

Ai, namoradas
desaparecidas
tenho não sei quantas.
Obrigado, Alex
Viany, escusa

---

9 Ibid., pp. 701-702.
10 Ibid., pp. 821-822.

de contar-me certo
o fim que levaram.
Melhor não saber,
ou fazer que não.
Em frente da tela
branca para os outros,
para mim repleta
de signos e signos
tão indestrutíveis
que nem meu cansaço
de velho olhador
logra dissipá-los,
sem timbre nostálgico,
atual e sempre,
mantenho a leitura,
deste sentimento
de amor visual.[11]

Fabulador ocasional, Drummond escreveu um "conto plausível" em que imagina ter enviado o cartão de Natal destinado a Greta Garbo ao endereço de Marlene Dietrich, ficando "encabuladíssimo" com o erro.[12] Maior confusão provocou uma crônica onde revelava a suposta visita da "angulosa e perturbadora" Garbo a Belo Horizonte em 1929. O autor precisou se desculpar diante dos leitores.[13] Quando pensa em cinema, o poeta atravessa o túnel do tempo e o espaço e volta às travessuras da sua juventude modernista em Minas Gerais, quando "tinha uma pedra no meio do caminho": "Nunca me esquecerei desse acontecimento/ na vida de minhas retinas tão fatigadas."[14]

---

[11] Ibid., pp. 859-862. Alex Viany era cineasta, crítico e historiador de cinema. Foi correspondente em Hollywood.
[12] ANDRADE, Carlos Drummond de., "Garbo e Marlene", Op. cit., p. 1267.
[13] ANDRADE, Carlos Drummond de. "Garbo: novidades" e "Um sonho modesto", Op.cit., pp. 1483-1486.
[14] Ibid., p. 15.

TRIÂNGULO TRANSATLÂNTICO

A suposta contradição entre o nacionalismo literário do Modernismo e o americanismo do seu gosto cinematográfico deve ser situada no seu devido contexto. A concorrência entre a Europa e os Estados Unidos esteve presente desde a introdução do cinema, no fim do século XIX. Basta lembrar as sucessivas apresentações de aparelhos de Edison e Lumière, sem falar em outras marcas. O cinema surgia como uma importação estrangeira. No Brasil, a "Bela Época" da primeira década do século XX teve um claro predomínio europeu. A atração tinha deixado de ser a própria invenção e tinha se deslocado para os filmes. Apesar disso, a produção demorou em se consolidar como fase decisiva do novo espetáculo. A exibição ainda não tinha se estabilizado, nem encontrado suas fórmulas, nem sequer sua autonomia em relação a outras atrações.

Nada garante que a época tenha sido bela, como se costuma dizer, nem que a origem das fitas importara muito para a plateia. Talvez não fosse possível falar ainda de um espectador e sim de um mero curioso. Somente com o alongamento e a complexidade da narração começa a formar-se um público no sentido equivalente ao que frequentava o teatro. Será que o espectador percebia nas superproduções *Cabiria* (Giovanni Pastrone, Itália, 1914) e *Intolerance* (David W. Griffith, Estados Unidos, 1916) a disputa entre duas indústrias embrionárias? Parece mais provável que distinguisse a diferença das marcas produtoras, sem dar maior transcendência à diversidade de origens. Afinal, ambas eram produtos importados em momentos em que a produção estava se tornando quase exclusivamente estrangeira.

Além disso, boa parte do público de São Paulo, assim como de Buenos Aires ou Montevidéu, era imigrante. Que sentido podia ter a palavra "estrangeiro" na sua situação? Menotti del Picchia dizia que São Paulo era uma "Torre de Babel". Foi somente depois da Primeira Guerra Mundial que a concorrência comercial deslanchou, com a instalação de representantes das companhias norte-americanas no Brasil (e na América Latina), que foram conquistando o terreno abandonado pelas empresas produtoras europeias, momentaneamente fora de combate por causa do conflito bélico. Até então, eram os pioneiros do negócio, como Marc Ferrez no Rio de Janeiro ou Max Glucksmann em Buenos Aires, identificados com a nova cultura urbana, os que representavam as marcas da Europa.

Depois da Primeira Guerra, a confrontação entre os Estados Unidos e a Europa nas telas das principais praças da América Latina passou a ser uma característica permanente durante o resto do século XX.[1] O confronto tácito ou aberto entre Estados Unidos e Europa tende a ser caracterizado de maneira maniqueísta, porque as dificuldades da produção latino-americana foram atribuídas à dominação do mercado pela indústria estrangeira. Mesmo que esse esquema mereça

---

[1] Nem o cinema mexicano da "época de ouro" (1940-1950), nem o cinema brasileiro dos "anos Embrafilme" (1970-1990), os dois principais auges produtivos do continente latino-americano, conseguiram ameaçar a supremacia norte-americana. E quando a presença de Hollywood diminuiu, a principal concorrência foram os filmes importados da Europa e não a produção local.

discussão, muitas vezes assistimos a um salto mortal do comércio para a estética: a influência hollywoodiana é considerada nefasta, enquanto a contribuição europeia goza de maior aceitação.

Ora, a análise fílmica dos escassos vestígios da produção silenciosa da América Latina mostra o contrário.[2] A influência do Film d'Art francês provocou imitações teatrais e engessadas, de um patriotismo típico de manuais da escola primária. Em compensação, a aprendizagem do autodidata mineiro Humberto Mauro com as aventuras dirigidas por Henry King e King Vidor tiveram sequelas muito mais autênticas e dinâmicas.

Durante a primeira metade ou pelo menos o primeiro terço do século XX, a cultura norte-americana funcionou na América Latina como um antídoto contra o academicismo herdado do século XIX europeu. Isso não apenas no cinema, mas também na música, nas letras, no teatro. O jazz é talvez o máximo exemplo desse ponto de vista, com repercussão nas orquestras e compositores do continente desde a década de 1920, quando Pixinguinha o adapta à tradição do choro. No entanto, entre as duas guerras mundiais, a Europa contribui com o seu próprio questionamento da tradição cultural compartilhada, graças ao desenvolvimento das vanguardas, a partir de focos mais ou menos convergentes (Paris, Berlim, Madri, Turim, Viena, Lisboa, Zurique etc.).

A circulação transatlântica de ideias e formas não corresponde portanto a esquemas binários, nem a uma única direção. Os intercâmbios caracterizam o mundo desde a época das navegações e descobrimentos. O escritor nova-iorquino Henry James e o havanês Alejo Carpentier exploraram a relação entre o Velho e o Novo Mundo. Mas por diversos motivos as Américas não aparecem nos seus romances com a devida tensão Norte-Sul.

Talvez seja possível generalizar a existência de uma relação triangular entre a América Latina, a Europa e os

---

2 PARANAGUÁ, Paulo Antonio. *Tradición y modernidad en el cine de América Latina*, Madri e México: Fondo de Cultura Económica, 2003, pp. 32-73.

Estados Unidos. Quiçá seja essa a característica fundamental da cultura latino-americana, uma singularidade em relação à África e a Ásia. Na América Latina estamos diante de uma circulação tripolar permanente, pelo menos desde o surgimento de uma cultura diferente daquela dos antigos colonizadores, praticamente desde as independências. Na própria emancipação política podemos detectar uma relação triangular, com o impacto da Revolução Francesa e da independência norte-americana.

A força de cada polo varia, sem nunca desaparecer completamente. O triângulo às vezes parece latente, visível apenas em filigrana, reduzido a um dos vértices, sem mão dupla. A Cinelândia carioca encarna essa tríplice presença. Ali, a modernidade enfrenta a tradição, com o Teatro Municipal e o Museu de Belas Artes, as salas de cinema e os teatros onde a produção local disputa com a importada, sem esquecer a música que é consumida e dançada no mesmo quarteirão idealizado por Francisco Serrador.

Em São Paulo, a Escola Livre de Sociologia e Política criada em 1933 e a Universidade de São Paulo fundada um ano depois, contaram ambas com colaborações dos

Cinelândia, Rio de Janeiro: onde a modernidade dos cinemas enfrenta a tradição de vizinhos como Teatro Municipal e Museu de Belas-Artes.

Estados Unidos e da Europa. A primeira pode ter privilegiado mestres norte-americanos, enquanto a USP convidou mais europeus, mas as duas instituições inseriam a renovação do ensino superior no Brasil numa relação tripolar. Na nascente indústria cultural, ocorre algo semelhante. No Rio de Janeiro, na década de 1920, a Radio Sociedade, criada por Edgar Roquette-Pinto, procura seguir os passos da BBC de Londres, enquanto a Radio Nacional, fundada pelo getulismo em 1940, tem como modelo a radiofonia dos Estados Unidos.

MOD
ERN
ISMO
+90

LIMITE

O primeiro momento da relação entre o Modernismo e o cinema brasileiro vai até o fim do período silencioso. Antes da virada para o cinema sonoro, dois filmes parecem bem sintonizados com a sensibilidade modernista. Ambos representam o ponto culminante da "arte muda" no Brasil, nas suas duas principais vertentes, o documentário e a ficção (uma terceira vertente, até então pouco explorada entre nós, é a animação). *São Paulo, a symphonia da metrópole* de Rodolpho Rex Lustig e Adalberto Kemeny (1929), é a obra de dois cinegrafistas e laboratoristas de origem húngara, com experiência na Alemanha, antes de emigrarem para o Brasil, onde criaram o que viria a ser o principal laboratório fílmico do país. Certamente cansados da rotina dos jornais da tela e das reportagens de propaganda, procuraram mostrar outro caminho, com maior realce para o aprimoramento formal dos enquadramentos e da montagem. O modelo dessa homenagem à modernização da capital paulista parece ser *Berlin, die Symphonie einer Grosstadt*, o clássico de Walther Ruttmann (*Berlim, sinfonia da metrópole*, Alemanha, 1927).

O documentário brasileiro é menos estilizado. Foge das abstrações do realizador alemão, procura ser mais descritivo, inclusive didático na sua exploração da geografia urbana. A narrativa é canhestra, não consegue prescindir dos intertítulos explicativos. Segundo Adalberto Kemeny, "levaram mais de um ano filmando, sem roteiro, andando a esmo pelas ruas de São Paulo, nas mais variadas horas do dia, com a câmara na mão. Pretendiam mostrar São Paulo num dia de trabalho". Kemeny afirma que "nem ao menos sabia da existência do filme de Ruttmann quando resolveu fazer o seu".[1] Difícil de acreditar que duas figuras tão informadas sobre as novidades da Europa desconhecessem o filme sobre Berlim, nem que fosse por referências nas publicações especializadas. Ora, em 1928, Humberto Mauro filmou *Symphonia de Cataguazes* à maneira do documentário alemão.

Em todo caso, a preocupação social de Lustig e Kemeny é expressa de maneira ingênua, o respeito pela ordem e o patriotismo são ostensivos, como nos demais imigrantes que incursionaram na produção cinematográfica naquela época. No entanto, apesar dos defeitos, o fôlego e a ambição desse longa-metragem estão em franca ruptura com o documentário realmente existente então no Brasil, representado pelo "ritual do poder" dos jornais da tela e o cinema de "cavação".

Na ficção, o longa-metragem *Limite* (1931) é um fecho de ouro para o cinema mudo no Brasil. O diretor, Mário Peixoto (1908-1992), um jovem de família aristocrática e decadente do Estado do Rio de Janeiro, tinha vinte e dois anos quando filmou sua única fita. Seu livro de poemas *Mundéu* (1931) foi elogiadíssimo por Mário de Andrade: "Depois de ler e reler este *Mundéu*, estou convencido de que Mário Peixoto é a melhor revelação de poesia que tivemos esse ano." O modernista detecta no jovem aspectos que inspiram também o filme: "Dois elementos líricos principais formam a criação de Mário Peixoto e a separam nitidamente em duas obras: a terra e o mistério." As seguintes frases de Mário de Andrade poderiam igualmente ser aplicadas a *Limite*:

---

[1] Depoimento de Adalberto Kemeny a Maria Rita Galvão, Op.cit., pp. 159-166.

Cenas de *Limite*:
fecho de ouro para o
cinema mudo no Brasil

O poeta possui uma verdadeira mestria de expressão. Nele essa mestria não implica trabalho nenhum. Se apresenta com uma espontaneidade rara. O poeta se move entre técnicas, influências alheias, princípios estéticos, com uma naturalidade que espanta. Confina ao mesmo tempo com a virtuosidade dos habilíssimos e a inconsciência dos fatais.[2]

Limite é uma obra sem afinidade com o resto da produção brasileira, em diálogo com a vanguarda francesa, o Expressionismo alemão, o cinema soviético e a fotografia moderna. Nem por isso *Limite* merece ser oposto a Humberto Mauro, em nome da autenticidade, conforme fez Glauber Rocha na sua tentativa de inventar uma tradição condizente com o Cinema Novo.[3] Não devem induzir a engano nem o jogo das múltiplas influências, nem o cosmopolitismo dos compositores selecionados para o acompanhamento musical (Satie, Debussy, Borodin, Ravel, Stravinsky, César Franck, Prokofiev). A paisagem e o homem brasileiros não estão menos presentes na obra de Mário Peixoto do que nos filmes do cineasta mineiro. Com todas as nuances que possam existir entre a sensibilidade intuitiva e a inteligência poética, personalidades tão diferentes quanto Mauro e Peixoto representam antecedentes igualmente significativos do que anos depois se chamaria uma atitude autoral.

O litoral fluminense é um dos motores dramatúrgicos de *Limite*, inteiramente filmado em Mangaratiba, em 1930, com poucos interiores. É um filme absolutamente enraizado naquela região. Os rochedos e montanhas à beira-mar, o vaivém incessante das marés e das ondas que varrem as praias, as ilhas no horizonte, a vegetação às vezes agreste, outras frondosa, os coqueiros, o vento constante que despenteia os personagens, o sol que acentua os contrastes de luz e sombra, toda a natureza é dotada de alma e expressão. A

---

2 ANDRADE, Mário de. "A respeito de Mundéu." In: *Revista Nova* n° 4, São Paulo, 15 de dezembro de 1931 apud PEIXOTO, Mário. *Mundéu*. Rio de Janeiro: Sette Letras, 1996, pp. 9-12.
3 ROCHA, Glauber. *Revisão crítica do cinema brasileiro*. Rio de Janeiro: Civilização Brasileira, 1963. (Há reedição pela Cosac Naify, São Paulo, 2003). O autor não tinha visto *Limite*.

fauna está menos presente do que a flora: algum animal de carga ou vira-lata, peixes e pássaros.

A paisagem humana também é perfeitamente identificável: a choupana dos pescadores com suas redes e apetrechos, as veredas rurais e as ruelas do vilarejo riscadas pelos fios elétricos, as cercas de pau a pique, a urbanização improvisada, a arquitetura tipicamente brasileira. Os seis personagens e os figurantes populares apresentam tipos físicos igualmente característicos, impregnados daquela tristeza estudada por Paulo Prado no seu *Retrato do Brasil* (1928), contemporâneo da elaboração do filme. O cabelo cheio de brilhantina do almofadinha interpretado pelo próprio cineasta e os dentes maltratados das frequentadoras do cineminha do lugar, são verdadeiros sinais de identidade.

Autodidata em matéria de cinema, Mário Peixoto observara filmagens da Cinédia de Adhemar Gonzaga. Tinha sido colega de colégio de Octavio de Faria e de Plínio Sussekind Rocha, fundadores do Chaplin Club (1928-1931); conhecia certamente seus debates e sua intelectualizada publicação, *O Fan*. Mesmo ajudado por um fotógrafo excepcional, Edgar Brazil, os calculadíssimos enquadramentos de *Limite* são de uma plasticidade e originalidade espantosas. Os pontos de vista, as linhas de fuga e as perspectivas são surpreendentes. Abundam os closes de objetos inanimados e dos intérpretes, que se expressam pelo olhar e a face, com mínima gesticulação. Nada disso é gratuito, mas carregado de poderosa significação e perfeitamente ajustado à narração. A montagem usa frequentes fusões, cortes bruscos ou movimentos de câmara, mas exclui outros efeitos óticos apreciados pela vanguarda. O filme tem um ritmo majestoso, ritmado pela música, com algumas acelerações. Apesar de duas horas de duração, a ausência de linearidade e a constante invenção mantém o interesse sem esforço.

Limite dá uma guinada na abordagem predominante da modernidade cinematográfica na América Latina. Enquanto quase todos os cineastas expressam sua visão através dos cânones de uma gramática fílmica supostamente universal, Mário Peixoto inventa uma linguagem adaptada à descrição da paisagem interior dos personagens. Sem adotar o nacionalismo dos modernistas (a preocupação com a língua brasileira), o jovem cineasta compartilha sua invenção expressiva, experimental, vanguardista. *Limite* difere também dos filmes contemporâneos na sensibilidade, na percepção das circunstâncias. Reflete um pessimismo e uma angústia mais próxima da problemática moderna do que à despreocupação e ao ufanismo da *Belle Époque* e dos *Roaring Twenties* (a vertiginosa década de 1920).

A ação está situada em cenários naturais, sem maior compromisso social ou antropológico. O filme começa com uma imagem alegórica de uma mulher enquadrada por mãos algemadas. Desde o início, *Limite* estabelece seu propósito: comunicar ao espectador o sentimento trágico da vida. A existência de três personagens à deriva surge como um enigma, que sucessivos *flash-backs* decifram somente até certo ponto. Nada esclarece sua coincidência numa canoa perdida no mar, a não ser a licença poética de considerá-los náufragos da vida. Não têm família – no máximo, vida de casal – nem mantêm laços com os pescadores ou habitantes

O diretor Mário Peixoto em cena.

da região. A natureza às vezes os envolve, outras vezes os protege, mas permanece indiferente aos seus estados de ânimo e apelos. Estão irremediavelmente sós, desamparados diante das circunstâncias, existencialistas *avant la lettre*. Tampouco cabe nenhuma transcendência: as eventuais cruzes do cemitério ou do caminho são formas frias e nuas, como árvore seca num universo sem deus nem compaixão.

Talvez fosse possível falar em imanência e animismo: a natureza não é mero entorno nem metáfora (como em Mauro), é o cosmos, ao mesmo tempo fonte de vida e matéria prima do universo poético de Mário Peixoto (a terra e o mistério). A natureza parece não ter horizontes nem limites. Em compensação, tudo que é humano, humano demais, topa com os contornos das suas próprias construções. A roda de uma locomotiva gira sobre si mesma, sem que apareça sequer o trem. O movimento e as curvas se fundem com as formas de outros objetos, que adquirem sua própria relevância na concatenação narrativa. A câmara revela o "inconsciente visual".[4] As coisas viram geometria, a arquitetura se torna abstração.

A "mulher número um" (conforme rezam os créditos) parece ter fugido de uma cadeia apenas para ficar encerrada atrás de outras grades, encadeada à maquina de costurar, amarrada à rotina de linhas e cifras, no fio de uma tesoura. As deambulações por ruas de terra ou veredas, que a câmara acompanha grudada aos pés ou de longe, de cima ou em plano inclinado, levam a confins propícios ao desespero: promontório vertiginoso, cemitério, espigão. Na verdade, as caminhadas não conduzem a lugar algum. A estilizada geografia perde qualquer sentido. Os gestos comedidos ou desesperados dos personagens não provocam sequer desdobramentos narrativos. Parecem antecipar o título do romance de Mário Peixoto: *O inútil de cada um* (1934).[5]

Em muitos filmes do período os objetos industriais têm um duplo valor, de uso e de representação. Em *Limite* não

---

4 BENJAMIN, Walter. "L'œuvre d'art à l'ère de sa reproductibilité technique" (1935). In: *Œuvres III*. Paris: Gallimard, 2001, p.103.
5 PEIXOTO, Mário. *O inútil de cada um*. Rio de Janeiro: Record, 1984; Rio de Janeiro: Sette Letras, 1996.

existem como sinais de modernidade, menos ainda em contraposição a um meio natural idealizado. A fita transcorre literalmente no litoral, ou seja, entre mar e terra, alternativamente. O espaço habitado, uma aldeia de pescadores, está a meio caminho entre o rural e o urbano. Os objetos cobram vida, como a natureza. A empatia ou a agressão dos personagens não dependem de fenômenos naturais nem de fatores sociais, mas de uma equação existencial que *Limite* sugere sem psicologismos, nem necessidade de explicações (três únicas legendas em um par de horas).

A câmara parece contagiada pelo subjetivismo assumido de Mário Peixoto (que interpreta um papel secundário antipático, bem como a estrelíssima Carmen Santos, desprovista de qualquer glamour pelo menos desta vez). Por momentos, a câmara operada por Edgar Brazil delira, foge, agride, grita, se insinua capciosa entre as figuras, se mexe de maneira tão imprevisível quanto os elementos. Autorreflexividade e distanciamento brincam de esconder com a contemplação lírica e o sonho acordado. O paradoxo é que para tornar possível semelhante liberdade subjetiva, Edgar Brazil precisou mostrar um prodigioso engenho construtivista. A invenção na tela começa atrás da câmara. Cinema artesanal sem dúvida, porém cinema moderno.

Limite é cinema de artifício para alcançar uma naturalidade primigênia, cinema de manipulação e de montagem para criar um universo puramente visual, irredutível às outras artes e expressões. Sem aderir a nenhum dos gêneros em voga nem às regras de produção que começavam a codificar o cinema, *Limite* tem como princípio e fim a humanidade, banal e trágica, miserável e sublime, impotente e sonhadora.

Limite descortina uma profusão de imagens surpreendentes, de uma beleza convulsiva. O mar se agita num frenético *gran finale* telúrico, oito minutos de movimento, ritmo e expressionismo não figurativo, até as águas retomarem o seu curso e descobrirem uma única sobrevivente aferrada aos restos do naufrágio, ao som das *Gymnopédies* de Satie. Reaparece a mulher-emblema do início, rodeada de mãos esposadas; o mar brilha com mil luzes como um céu cheio de estrelas; as aves de rapina levantam voo. *Limite* fecha-se sobre si mesmo.

Para o exegeta Saulo Pereira de Mello, "todas as imagens do filme são metamorfoses da imagem proteica" inicial, variações sobre "os mesmos temas obsedantes: limitação, fuga, desespero e morte". E a tempestade final é uma catarse.[6]

Apenas um filme brasileiro daquela época pode ser-lhe comparado: *Ganga bruta* de Humberto Mauro (1933). O expressionismo, a heterogeneidade entre diversas sequências, o lirismo de certas cenas da obra-prima do cineasta mineiro, são notáveis. Porém, as metáforas são mais tímidas, a narração é linear, a paisagem não descarta os personagens. O paisagismo tem uma relevância crescente na obra de Mauro, mas ele é mais clássico, pausado e saudosista, não chega ao desencadeamento dos elementos de *Limite*, mesmo na sequência onírica de *O canto da saudade* (Mauro, 1950).

Limite foi exibido no Rio de Janeiro, dia 17 de maio de 1931, numa pré-estreia organizada pela Cinédia e o Chaplin Club. Nunca teve distribuição comercial. Durante meio século, a obra de Mário Peixoto permaneceu praticamente invisível, como se a máxima expressão da modernidade cinematográfica na América Latina não fosse a prova da sua viabilidade e sim da sua impossibilidade. Finalmente restaurado, o filme virou cult.

O diálogo singular de *Limite* com o cinema do seu tempo está explícito na cena que revela a profissão de um personagem: pianista na sala do vilarejo onde projetam uma fita de Chaplin, *Carlito encrencou a zona*. O cômico com uniforme de presidiário foge por um túnel, mas dá de cara com um guarda. Vem a ser um comentário jocoso sobre uma das tramas de *Limite*. Mário de Andrade teria adorado.

---

6 MELLO, Saulo Pereira de. *Limite*. Rio de Janeiro: Rocco, 1996.

m Veneza, em agosto de 1938, o cineasta Humberto Mauro (1897-1983) representa o Brasil na Mostra Internazionale d'Arte Cinematografica. Pela primeira vez, filmes brasileiros participam de um festival no exterior. A alemã Leni Riefenstahl, cineasta oficial do Terceiro Reich, foi consagrada no evento pelo seu documentário *Olympia* (*Ídolos do estádio*), sobre os Jogos Olímpicos de Berlim (1936). Ela dividiu a Copa Mussolini com um filme italiano de propaganda.

Um dos iniciadores do festival, o primeiro do mundo no gênero, tinha sido Luciano De Feo, secretário-geral do Instituto Internacional para o Cinema Educativo, ligado à Sociedade das Nações, com sede em Genebra. A dobradinha cinema e educação estava em pleno auge. Turista aprendiz, Humberto Mauro filma Pompeia, Roma, Milão, Veneza, com uma câmera de 16 mm. Durante a Mostra, a chuva o surpreende na Praça São Marcos. No Caffè Florian, o realizador mineiro pensa nas voltas que a vida dá:

"Quando em 1936, fui convidado pelo professor Edgar Roquette-Pinto para colaborar na organização do Instituto Nacional de Cinema Educativo (INCE), disseram que eu ia me burocratizar, fossilizar. Qual nada. O cinema passava por uma crise dos diabos. No início da década de 1930, achávamos que a plateia ia preferir filmes falados na nossa língua. Éramos otimistas. Com a mobilização continuada que se vai operando em nosso meio cinematográfico, já temos um cabedal técnico que nos permite apresentar uma produção que nada fica devendo à média dos filmes americanos, sendo até superior às fitas que nos vêm da Itália, a França e a Alemanha, países que contam com recursos de arte e indústria altamente superiores aos nossos. Era isso o que dizíamos.

"O diretor no Brasil ainda está um pouco longe de conseguir realizar os seus filmes tal qual ele os imagina – isto pelo fato de nossa indústria de filmes não contar com os poderosos elementos econômicos e financeiros de que dispõe essa mesma indústria nos Estados Unidos. É comum o diretor brasileiro montar e fazer representar de maneira bem diferente aquelas cenas que ele imaginou muito mais perfeitas e expressivas, tudo em consequência da falta de elementos de toda ordem, ainda um tanto precários entre nós com relação aos de que dispõe a indústria americana.

"O público comumente compara os filmes brasileiros com as superproduções americanas. Habituado à confecção refinada da película americana, o público não percebe esse lado difícil e ingrato ao nosso cinema e que tanto prejudica os nossos produtores e diretores de resolverem muitas das nossas possibilidades da imaginação e realização, tudo exclusivamente por deficiência dos meios necessários.

"Não nos basta apresentar na tela as nossas belíssimas cachoeiras, os nossos rios formidáveis, as nossas florestas e tudo o mais de que a natureza brasileira é pródiga. Faz-se necessário jogar com esses aspectos dentro das histórias e dos enredos, e ainda com o devido senso de oportunidade e coesão. Temos que esperar pela produção regular e continuada, além do tempo, fatores principais de que dispuseram os americanos para fazerem os seus costumes mais conhecidos aos brasileiros do que o são para nós os nossos próprios costumes. Com isso não queremos anatemizar o filme documentário, mas dizer que sua porcentagem deve ser mínima, dado que não é de todo fácil torná-lo interessante. O público tem experiência disto, o filme documentário é quase sempre cacete.

"Não acho que seja necessário falar só de coisas brasileiras. Poderia fazer *Macunaíma*, o brasileiríssimo livro de Mário de Andrade. Como poderia fazer *O Rajah de Pendjab* do consagrado escritor Coelho Neto. São livros brasileiros, notáveis. Sendo que um explora o Brasil e o outro um país imaginário. Porque apenas apanhar os aspectos regionais do país?

"No entanto, acho muito melhor tocar assuntos nossos. Tenho grande interesse e grande vontade de fazer um filme sobre os cangaceiros do norte. Mas para apresentá-los, iria eu os apresentar como realmente são? Teria que focalizar o lado mais fotogênico e agradável desses cangaceiros. Os americanos abordam os assuntos mais escabrosos com tal fotogenia que agradam e não revoltam.

"O cinema silencioso estava caminhando para o sublime, para os detalhes e para os símbolos. O cinema falado acabou com nossa ilusão. Se antes foi possível filmar em Cataguases, agora nem a companhia Cinédia do Adhemar Gonzaga consegue aguentar o tranco. Os exibidores gastaram uma fortuna para reformar os cinemas para a era do som; eles agora apostam nos sucessos garantidos. A concorrência ficou brutal para o filme brasileiro. A Cinédia, a Brasil Vita Filmes da Carmen Santos, a Sono Filmes, estão lutando pela sobrevivência. O Adhemar Gonzaga teve que engolir sapos e lagartos. Em vez de filmes sofisticados, comédias carnavalescas. Ele que não queria saber dos "cavadores" paulistas, agora está atrás do governo para produzir um cinejornal. Resolveu aproveitar a tal lei do complemento nacional, uma esmola para o produtor local.

"Eu tinha trazido a família para o Rio de Janeiro, acreditando no otimismo do Adhemar. Quem ia imaginar que o cinema falado viria a deixar tudo de pernas pro ar? Conheci sucessos e fracassos. *Favela dos meus amores* (1935) agradou, mas *Ganga bruta* (1933) foi arrasada pela crítica. Não era nem falada nem muda, tremenda confusão e azar de

O jovem Humberto Mauro em pose de galã.

uma produção arrastada. Mas o que mais doeu foi aquilo de me chamarem de Freud de Cascadura. Deprimente. Carioca implica com quem vem do interior ou do subúrbio.

"Eu não podia voltar para Cataguases com o rabo entre as pernas, ia fazer o quê? Pedir emprego na Light ou na Prefeitura? Tive que fazer de tudo pra manter a família. A proposta do professor Roquette-Pinto foi uma salvação. Pela primeira vez na vida, recebia salário no fim de cada mês, certinho. Quem é que vai me criticar? Dona Bêbe, minha mulher, com certeza que não, nem a nossa filharada numerosa. O INCE não é cabide de emprego, não. Garanto que não tem outra repartição pública onde se trabalhe tanto. Não posso reclamar, mexo com câmera, filme e montagem todo dia. Como se fosse um pequeno estúdio, a produção é planejada para aproveitar ao máximo nossos modestos recursos. Tive oportunidade de comparar o INCE às instituições congêneres europeias, e verifiquei que nada temos que modificar ou acrescentar, pois que o nosso Instituto é a muitos respeitos superior àqueles.

"Seria necessária uma entidade internacional que compendiasse todos os estudos e registrasse as conquistas da cinematografia em cada país, de modo a se ter sob a mão a última palavra no assunto. Havia em Genebra o Instituto Internacional de Cinematografia, mas a retirada da Itália da Liga das Nações produziu virtualmente a sua morte. A Inglaterra propôs recentemente que os encargos daquela entidade passassem para o Instituto de Cooperação Internacional, e se isso se der será muito bom.

"Veneza proporcionou-me uma sugestão que considero preciosa, pois que é do mais alto alcance para nós e o único caminho que vejo aberto ao cinema brasileiro, no momento, como indústria. Refiro-me ao filme documentário, não o de pequena metragem, e dirigido ou feito por leigos, como os que produzimos, mas o trabalho de arte, com um acentuado caráter humano ou social, como vi em Veneza, e que é, no momento, em todo o mundo, o espetáculo mais apreciado. Quanto ao seu espírito, os documentários aos quais me refiro seguem de perto as modernas tendências da literatura mundial, são objetivos, procuram estudar o homem ou a coisa como produto de um meio, que é minuciosamente descrito, material, espiritual, social e filosoficamente. Já em 1932, chamei a atenção dos nossos cinematografistas para o assunto. Achava eu que era tempo de importar-nos menos com a natureza e objetivar mais o homem.

"Em Veneza, em 1937, foi premiado um filme de Walther Ruttmann que pode ser apresentado como modelo no gênero. Seu título é *Mannesmann*, o mesmo de uma propriedade industrial alemã; ele não é mais do que uma enciclopédia sobre o modo de trabalhar o ferro e sobre a vida dos operários empregados nesse mister, com um caso de amor entremeado para amenizar a descrição.

"Podemos produzir filmes desse tipo, pois que assuntos não faltam. E como tais filmes seriam os únicos feitos entre nós que poderiam interessar aos públicos dos outros países, seriam os únicos que encontrariam mercado compensador, pois que o interno é paupérrimo. É claro que esse é o caminho por que deve enveredar o produtor brasileiro. É evidente que veicula propaganda; mas que importa que assim seja se o público o aprecia e se ilustra?

"O Brasil se desconhece; o mundo também se desconhece e só o cinema poderá fazê-los conhecerem-se. Nunca assisti a nenhum filme argentino... Tenho absoluta certeza de que o povo brasileiro vai receber com muita simpatia e entusiasmo as produções argentinas, como também as do Paraguai, do Uruguai e do Chile. É mesmo uma necessidade – sobretudo agora que a América está empenhada numa união segura e duradoura – esse intercâmbio de cinema. Mas é preciso que haja de fato intercâmbio. Um intercâmbio cujo espírito não comporta a mínima ideia de competição. O melhor filme para esse intercâmbio será, indiscutivelmente, o documentário.

"Sendo o cinema um veículo incomparável para o conhecimento e compreensão mútua dos povos, a produção de filmes para corresponder a tais fins e os entendimentos para o intercâmbio devem merecer encorajamento e auxílio de todos, sobretudo dos governos de cada país. Nós podíamos organizar tudo isto, pelo menos, na América do Sul.

"Há muito tempo que o documentário me empolgava e eu já vinha tendo por ele mais simpatia que pelos filmes tradicionais de enredo ou de estúdio. Encontrando-o tão em voga na Europa, era natural que me alegrasse. Para o documentário, o Brasil é um país ideal. A matéria-prima está em toda parte. E que é preciso para tentá-lo? Tecnicamente, uma câmara e além disso um perfeito senso de beleza cinematográfica.

"O filme de enredo reproduz a vida dentro dos estúdios, artificializando-a e utilizando-se para isso dos atores e dos construtores de cenários, ao passo que o documentário vai surpreendê-la em flagrante, dando assim de novo à câmara o papel principal do filme. O documentário simplifica o cinema, libertando-o de tudo quanto nele signifique cópia do teatro.

"Sou contrário ao auxílio em espécie aos produtores, como condeno o cinema oficial ou oficializado. Deve o cinema ter seus movimentos livres para que prospere. O controle oficial o asfixiará, destruirá o interesse que possa ter para o público. Os poderes públicos podem prestar inestimável auxílio ao cinema por meios indiretos: redução dos impostos alfandegários sobre a matéria-prima, o filme virgem, e até mesmo a entrada livre de direitos de máquinas e aparelhos; prêmios; tratamento fiscal menos oneroso aos exibidores que deem preferência ao filme nacional, e uma série de facilidades ao produtor, como seja, locomoção barata, favores de que goza a imprensa, por exemplo, que barateará o custo do produto e dará alento à indústria, permitindo o seu desenvolvimento. O governo trataria o cinema como tem tratado outras indústrias julgadas necessárias à vida nacional.

"Nada de tentativa para imitar o cinema americano, russo ou francês. Cada qual tem o seu modo de fazer cinema e sua orientação comercial. Para fazer cinema no Brasil, dispensamos os grandes estúdios, a maquinaria espetacular, os cenários caros, as locações aparatosas e publicitárias. O documentário tem permitido maior liberdade de ação aos cineastas, tolhidos pelo comercialismo excessivo dos filmes normais. O documentário, de custo mais baixo, com a vantagem de poder se espalhar para o mundo todo, é, também para o mercado interno, o melhor caminho a seguir. Quem não tem cão caça com gato."[1]

---

[1] Se Menotti del Picchia era reticente a lembrar sua atuação no cinema paulistano, Humberto Mauro nunca se fez de rogado para falar das diversas etapas da sua trajetória, do ciclo de Cataguases até o surgimento do Cinema Novo, que fez do realizador mineiro o seu santo padroeiro, visita obrigatória para todo cinemanovista digno dessa condição. Enquanto os devaneios do poeta modernista no início deste livro foram imaginados "à maneira de Menotti del Picchia", transformado assim em personagem de ficção, o depoimento de Mauro é puro documentário, com leves toques de edição e *mise-en-scène*, a partir dos textos reunidos por VIANY, Alex. *Humberto Mauro: sua vida/sua arte/sua trajetória no cinema*. Rio de Janeiro: Artenova-Embrafilme, 1978, pp. 101-233.

REVOLUÇÃO

A Revolução de 1930 e a revolução do cinema sonoro mudaram os rumos do Modernismo e da produção brasileira. A nova situação vai provocar reviravoltas e conversões surpreendentes em modernistas e cineastas. Ao enterrar a República Velha, Getúlio Vargas acirrou as tensões e divergências internas do movimento modernista. A política passou a ser um divisor de águas. A centralização do poder estimulou os regionalismos culturais. Integralistas e comunistas dilaceraram o Modernismo, enquanto Mário de Andrade procurava manter o prumo. O movimento sofreu o embate contraditório da desintegração e da institucionalização.

Entretanto, a revolução tecnológica, produtiva e expressiva representada pelo advento do som acabou de uma vez por todas com a doce ilusão dos ciclos regionais do cinema mudo, os "surtos" artesanais cujas fitas desapareceram praticamente todas. Os interlocutores dos produtores que não desistiram com o cinema falado deixaram de ser municipais: agora, o cinema devia ser nacional, precisava contar com o apoio do Estado federal.

O Rio de Janeiro, capital da República, desbancou naturalmente São Paulo. O mimetismo dos produtores inspirados por Hollywood passou a ser o horizonte comum dos profissionais do ramo. Os velhos "cavadores" e os artesãos idealistas não tinham mais vez. Francisco Serrador tinha dotado o Rio de uma Broadway, a Cinelândia, agora era preciso construir e equipar estúdios capazes de produzir filmes falados... e cantados. Serrador chegou a comprar o terreno em Corrêas, perto de Petrópolis.[1]

O cinema falado consolidou o modelo hollywoodiano, contrariando as expectativas na diversidade linguística como estímulo para a produção nacional. Empresas dos Estados Unidos e da Europa produziram filmes em várias línguas durante alguns anos, até comprovarem que essa opção não era necessária para conservar seus mercados. A produção norte-americana em espanhol, a mais prolongada (uns dez anos), foi a primeira escola prática, coletiva, para muitos profissionais latino-americanos. Paradoxalmente, essa produção "hispana" refletia uma persistente presença europeia na Meca do cinema.

Assim, a relação transatlântica triangular evoluía incessantemente. Depois da Segunda Guerra Mundial, houve uma fase de reaproximação entre a América Latina e a Europa. Durante anos, as escolas de cinema, as revistas especializadas, as noções de cineclube e cinemateca, foram invenções europeias. O neorrealismo italiano constituiu a principal alternativa ao modelo de Hollywood. No entanto, os estudantes que foram a Paris ou Roma descobriram uma Europa americanizada pelo plano Marshall, a "política dos autores" e o rock 'n' roll.

A comédia carioca abordou essas influências norte-americanas e europeias pendulares através da paródia, com sua quota de ambivalência, em filmes como *Carnaval Atlântida* (José Carlos Burle, 1952), *Matar ou correr* (Carlos Manga, 1954), *Nem Sansão nem Dalila* (Carlos Manga, 1959) ou *O homem do Sputnik* (Carlos Manga, 1959). Menos conhecido ou comentado, *De vento em popa* (Carlos Manga, 1957) insere explicitamente a oposição entre música erudita e música popular na tensão tripolar entre o Brasil, os Estados Unidos e a Europa.

---

[1] PARANAGUÁ, Paulo Antonio. Op.cit., pp. 74-88.

Nem sequer Heitor Villa-Lobos, o mais nacionalista dos compositores modernistas, foi insensível ao triângulo transatlântico. Ao voltar da França, compôs as *Bachianas Brasileiras* durante o regime de Vargas (1930-1945). No pós-guerra, depois de anos regendo canto orfeônico interpretado por colegiais nos estádios de futebol à glória do Getúlio, compõe uma comédia musical típica da Broadway, *Magdalena*, durante uma viagem aos Estados Unidos (1948).

O alinhamento de boa parte do movimento modernista com o getulismo e com o Estado Novo parece, à distância, uma traição aos ideais democráticos, ou no mínimo um despropósito – culpa do nacionalismo excessivo. Além da consciência aguda do atraso, do subdesenvolvimento, que acaba fazendo da modernização conservadora uma opção, ou um mal menor em relação à mesmice das oligarquias

Cena de *Nem Sansão nem Dalila*, com Oscarito e Eliana: tempo da boa comédia com Carlos Manga.

regionais. O Modernismo via a cultura brasileira como uma síntese de suas diversas origens, como a fusão dos seus diferentes ingredientes, capaz de ultrapassar o regionalismo. Esse projeto ideológico culturalista contrapunha-se aos preconceitos racistas ainda vigentes e coincidia com o programa de unidade nacional de Getúlio Vargas, através da centralização do poder e a neutralização das oligarquias estaduais.

Modernismo e getulismo promovem um novo retrato do Brasil como paraíso racial, resultado duma miscigenação intensa e bem-sucedida entre brancos, negros e índios. Começa então a exaltação da mulata como símbolo do país, sem confronto aberto com a anterior aspiração ao branqueamento da "raça" brasileira. A ideologia da mestiçagem procura aparar as arestas e as tensões. Nossa Senhora Aparecida, escolhida como padroeira do Brasil, é mestiça. Ao mesmo tempo, o malandro é atacado em nome do processo de disciplinamento social, através da nova legislação trabalhista. Os indígenas são mantidos sob tutela, enquanto o embrião de movimento negro é reprimido. O imigrante, visto com desconfiança na década anterior até por Mário de Andrade, beneficia-se de uma crescente assimilação, às vezes forçada, como no caso das colônias alemãs do Sul, privadas de autonomia de ensino na sua própria língua, ou da colônia japonesa de São Paulo, alvo de deslocamento forçado durante a Segunda Guerra Mundial. Uma nova classe média apoia o populismo getulista.

A participação dos modernistas na gestão do ministro da Educação, Gustavo Capanema, é o aspecto mais visível deste segundo momento, caracterizado pela institucionalização do Modernismo. Na história das vanguardas contemporâneas essa integração dos modernistas à política não é uma exceção. Talvez apenas o Dadaísmo tenha mantido a distância com as instituições do estado e da sociedade civil. Afinal, o contexto era o da falência da civilização europeia, sacrificada no altar dos nacionalismos concorrentes.

O líder do Futurismo, Filippo Tommaso Marinetti, passou do anarquismo de Bakunine ao fascismo de Benito Mussolini. Na Rússia, o futurista Vladimir Maiakovski aderiu à Revolução Bolchevique e suicidou-se em 1930, depois que Stálin se apossou do poder. Na França, a revista de André Breton, *La Révolution Surréaliste* (1924-1929), atraída pela Revolução Russa, passou a chamar-se *Le Surréalisme au Service de la Révolution* (1930-1933). Alguns surrealistas (Louis Aragon, Georges Sadoul) acabaram escolhendo a fidelidade absoluta a Moscou.

No México, o messiânico Secretário da Educação Pública, José Vasconcelos, conseguiu arregimentar os artistas plásticos para exaltar a Revolução de 1910 e o passado do país nos edifícios oficiais. A pintura mural foi um dos alicerces do "nacionalismo revolucionário", a ideologia hegemônica do Partido Revolucionário Institucional (PRI), cujo regime durou mais do que a ditadura do partido bolchevique na União Soviética.

Na República Espanhola, e depois na Guerra Civil, os poetas e artistas da geração de 1927 fizeram educação popular, teatro para as massas e propaganda política. Nem todos ficaram do lado republicano.

Obviamente, a Revolução de 1930 no Brasil não era comparável aos acontecimentos que abalaram a Rússia, o México ou a Espanha. Mas os impasses e as turbulências da República Velha acabaram com a paciência de muitos brasileiros, inclusive os modernistas. Oito, dez anos de agitação, manifestos, exposições e publicações tinham divulgado as novas ideias, mas não pareciam modificar a pasmaceira cultural e o marasmo ideológico.

Entre a inação que não resolve nada e a revolução que supostamente deveria solucionar tudo, abria-se a possibilidade de tentar insuflar uma dimensão educativa e cultural na política. A nomeação de Gustavo Capanema no novo Ministério da Educação e Saúde Pública favoreceu a inédita convergência e cooptação. Ao tempo que mantinha uma posição conciliadora entre os partidários da Escola Nova e os católicos militantes, Capanema atraiu vários expoentes modernistas, como seu chefe de gabinete Carlos Drummond de Andrade, e Manuel Bandeira, Mário de Andrade, Heitor Villa-Lobos, além de Cândido Portinari, Lúcio Costa, Vinicius de Moraes, Cecília Meireles, Affonso Arinos de Mello Franco e Rodrigo Mello Franco de Andrade. A construção do edifício sede do Ministério é o símbolo do novo espírito, trazendo Le Corbusier para assessorar os arquitetos brasileiros da novíssima geração.

EDUCAÇÃO COMO MISSÃO

Mário de Andrade, o principal articulador do movimento modernista, sua consciência moral, deu um passo decisivo no sentido da institucionalização e cooptação. Ele se afastou dos dois extremos do Modernismo, o Verde-Amarelismo e a Antropofagia, que acabaram alimentando duas vertentes radicais, o integralismo e o comunismo, ambos golpistas. Mário, o "turista aprendiz" que explorava o Brasil graças à generosidade das damas patronesses da Avenida Paulista e Higienópolis, se curva às necessidades da profissionalização e aceita a direção do novo Departamento Municipal de Cultura de São Paulo, em 1935.

O sinal tinha sido dado por Heitor Villa-Lobos, que obteve a criação sob medida de uma Superintendência da Educação Musical e Artística em 1932. Depois da instauração do Estado Novo, em 1937, Mário de Andrade migra para o Rio de Janeiro, onde assume a direção do Instituto de Arte da efêmera Universidade do Distrito Federal (1935-1939), fechada por causa da repressão. Também colabora com o novo Instituto Nacional do Livro (INL), criado em 1937, dirigido pelo escritor modernista Augusto Meyer. E acaba contratado como funcionário do Serviço do Patrimônio Histórico e Artístico Nacional (SPHAN).

O INL e o SPHAN, encarnam, junto a outras entidades, as novas políticas públicas federais na área cultural. Jornalista, antigo diretor da *Revista do Brasil*, Rodrigo Mello Franco de Andrade, recomendado por Mário de Andrade e Manuel Bandeira, dirige o Serviço do Patrimônio durante trinta anos, da sua fundação em 1937 até 1967. Dotado da importante *Revista do SPHAN*, o Dr. Rodrigo promove a realização do programa modernista de resgate do passado colonial.

Contra o academicismo e parnasianismo do Império, do século XIX, o Modernismo favorece uma reavaliação da cultura durante a Colônia. Enquanto os agitadores do Manifesto Antropófago reivindicavam os indígenas, os mais comportados encontravam no barroco mineiro e no Aleijadinho as raízes de uma criação original. O nacionalismo modernista rejeita a tradição acadêmica mais próxima, mas se entusiasma

Carlos Drummond de Andrade, Rodrigo Mello Franco de Andrade, ao centro, e Gustavo Capanema: consonâncias.

pelo barroquismo transplantado pelos portugueses na Bahia ou em Minas Gerais.

Enquanto isso, o antropólogo Edgar Roquette-Pinto, diretor do Museu Nacional e pioneiro da radiofonia, chefia o Instituto Nacional de Cinema Educativo (INCE), criado em 1936, e confia a direção da produção ao mais prestigiado realizador nacional, Humberto Mauro. Sem esquecer o Serviço Nacional de Teatro, organizado em 1937, e os painéis murais encomendados a Cândido Portinari.

No Brasil, como no México, o populismo surgido na década de 1930 não dispunha de quadros próprios, como os partidos tradicionais. Daí a necessidade de cooptar uma parte da intelectualidade, apesar das reticências de ambas as partes.

O regime mexicano manteve essa orientação, mesmo depois da derrota de José Vasconcelos na eleição presidencial de 1929 e o seu exílio. Enquanto a facção militar vitoriosa nas disputas da Revolução de 1910-1917 consolidava o capitalismo, a Universidade fazia de conta que o México caminhava rumo ao socialismo. Durante a presidência do general Lázaro Cárdenas (1934-1940), a esquerda mexicana pareceu predominar, com a nacionalização do petróleo, o impulso à reforma agrária e o apoio aos republicanos espanhóis. Mas Cárdenas aperfeiçoou o regime, ao monopolizar a sucessão presidencial, e usou os dividendos do petróleo para manter a coesão social graças ao sistema corporativo.

Os mexicanos souberam canalizar seus extremistas de direita e de esquerda, depois de reprimir com sanha a revolta dos camponeses católicos contra a intransigência laica (a guerra dos Cristeros, 1927-1929). A principal diferença com o getulismo, é que o Estado Novo não conseguiu criar as bases para sua permanência.

No Brasil, exceto os integralistas e os comunistas, os demais eram bem-vindos na modernização conservadora. A institucionalização da cultura transformou o Modernismo, o cinema brasileiro e a singela equação entre ambos. A cooptação equivale a um reconhecimento para os modernistas, mas canaliza os seus brios no sentido da construção do novo estado. Os revolucionários de ontem viram reformadores, na melhor das hipóteses, com sua dose de decepção e insatisfação diante do ritmo das mudanças e o resultado da ação política.

Além da gestão cultural, o terreno mais propício para a convergência parecia a Universidade, onde quase tudo estava por fazer, diante da paupérrima herança deixada pela colonização portuguesa, que, contrariamente à coroa espanhola, baniu o ensino superior. Mário de Andrade vai para o Rio de Janeiro, entusiasmado com a Universidade do Distrito Federal, mas esta não resiste muito tempo à convulsão provocada pela Intentona comunista de 1935. Enquanto isso, em São Paulo, a nova Universidade estadual fundada em 1934, a USP, acolhe professores visitantes franceses e um grupo de estudantes identificados com o legado modernista. A USP vai se transformar no principal centro de ensino superior do país.

A educação é uma missão que convoca e contamina as sete artes. O canto orfeônico regido por Villa-Lobos durante o Estado Novo em concentrações massivas de escolares, participava desse espírito de emancipação nacional. No cinema, o discurso predominante muda completamente, diante do marasmo provocado pelos *talkies*. Os estúdios estão à míngua, alguns produzem apenas um filme por ano. O casamento entre cinema e educação vinha sendo apregoado por intelectuais ligados ao ensino, que conhecem as experiências feitas tanto nos Estados Unidos como na Europa. Mais uma vez funciona a relação triangular que envolve a cultura brasileira.[1]

Durante mais de meio século, o único fator de continuidade da cinematografia brasileira vai ser o Instituto Nacional de Cinema Educativo (1936), transformado depois em Instituto Nacional de Cinema (1966), antes da sua última metamorfose em Embrafilme (1969-1990). Durante décadas,

---

1 SERRANO, Jonathas e VENÂNCIO FILHO, Francisco. *Cinema e educação*. São Paulo: Melhoramentos, 1930 (ambos eram professores do Colégio Pedro II e da Escola Normal do Rio de Janeiro); MENDES DE ALMEIDA, Joaquim Canuto. *Cinema contra cinema: bases gerais para um esboço de organização de cinema educativo no Brasil*. São Paulo: São Paulo Editora, 1931 (o autor era crítico, roteirista e cineasta).

os estúdios nascem e vegetam, fazem poucos filmes por ano, as produtoras surgem e desaparecem, os movimentos se sucedem e se diluem, sem conseguir conjurar a descontinuidade. A profissão sofre de instabilidade crônica. No Rio, Getúlio Vargas ia ao cinema e a teatro de revista. Seu regime promove a institucionalização das escolas de samba, do carnaval e da capoeira (antes infração penal), mas reserva aos produtores cariocas de cinema apenas uma esmola: a lei do complemento nacional, que favorece somente os jornais da tela e o curta-metragem (1932).

O INCE, modestamente, sobrevive e sua semente vai inclusive fertilizar a produção de longa-metragem nas suas últimas encarnações (INC e Embrafilme). O sonho de produzir filme virgem no Brasil, acalentado por Roquette-Pinto, nunca vingou, mas em compensação São Paulo e o Rio de Janeiro contaram com o laboratório que solicitava Humberto Mauro.

MOD
ERN
ISMO
+90

INCE

Durante muito tempo, a historiografia subestimou o papel do Instituto Nacional de Cinema Educativo (INCE) e sua importância na trajetória de Humberto Mauro. Como se apenas seus longas-metragens de ficção satisfizessem o ideal de cinema compartilhado pelos cineastas, cinéfilos, críticos e historiadores. Depois de *Humberto Mauro, Cataguases, Cinearte* (1974), Paulo Emilio Salles Gomes deixou a batata quente para os seus continuadores. Foi preciso esperar trinta anos, com a publicação da bela pesquisa de Sheila Schvarzman, para recuperar as imagens esquecidas do INCE e o trabalho de Mauro durante a sua fase profissional.[1]

O positivista Edgar Roquette-Pinto, amigo de Mário de Andrade com quem mantinha correspondência e contato durante toda esta etapa,[2] deu ao INCE uma missão que tem muitos pontos de contato com o Modernismo. A ideia

---

[1] SCHVARZMAN, Sheila. *Humberto Mauro e as imagens do Brasil*. São Paulo: UNESP, 2004. Ver também PARANAGUÁ, Paulo Antonio (org.). *Cine documental en América Latina*. Madri: Cátedra, 2003.
[2] SCHVARZMAN, Sheila. Op. cit., p. 130.

de registrar os diversos aspectos da cultura brasileira, com ênfase no patrimônio imaterial, é comum ao positivista e ao modernista. Folclore, cultura popular, música, são terrenos compartilhados.

Mário de Andrade e Roquette-Pinto tiveram inclusive um projeto comum, que devia ser encaminhado pela Discoteca Pública Municipal e o Museu Nacional, para editar sons indígenas. Mário deu o apoio do Departamento Municipal de Cultura aos antropólogos franceses Dina Dreyfus e Claude Lévi-Strauss, convidados da Universidade de São Paulo (USP), para que filmassem os índios Bororo.[3] Cinema e fotografia foram recursos utilizados pelo Departamento, com certo pioneirismo. Fotógrafo e cineasta, Benedito Junqueira Duarte (irmão do escritor Paulo Duarte) fez o levantamento iconográfico de São Paulo, começou sua dilatada carreira no filme científico trabalhando para o Departamento e colaborou com o INCE.

O indianismo era comum aos modernistas da *Revista de Antropofagia* e a Roquette-Pinto, antigo expedicionário junto a Cândido Mariano Rondon, o militar positivista que criou o Serviço de Proteção ao Índio (SPI). O professor Roquette-Pinto ensinou Mauro a falar tupi e a recriar costumes indígenas nos fins de semana.[4] Apesar da sua apaixonada conversão ao documentário, Mauro dirige nessa etapa o filme histórico *O descobrimento do Brasil* (1937), reivindicação da herança portuguesa com música do modernista Heitor Villa-Lobos, e *Argila* (1940), um curioso melodrama com a improvável mistura da glamorosa Carmen Santos, ingredientes da cultura marajoara e uma palestra sobre o assunto (sic) do próprio Roquette-Pinto, no comando do INCE até 1947.

Os documentários do INCE seguiram a agenda oficial e a pauta de um ministério que era ao mesmo tempo da

---

[3] Curtas-metragens filmados em 16 mm pelo autor de *Tristes trópicos* e sua esposa: *Cerimônias funerais entre os índios Bororo, A vida de uma aldeia Bororo, Aldeia de Nalike I* e *Aldeia de Nalike II* (1935), bem como *Festa do Divino Espírito Santo* (1936).

[4] Mauro escreveu os diálogos em tupi dos filmes *Como era gostoso o meu francês* (Nelson Pereira dos Santos, 1971) e *Anchieta, José do Brasil* (Paulo Cesar Saraceni, 1977).

Educação e da Saúde Pública, com ênfase na vulgarização técnica e científica, higiene e saneamento, educação rural, formação profissional e artes aplicadas, folclore, fauna e flora, eventos históricos e comemorações cívicas (o INCE produziu 354 curtas e médias-metragens em trinta anos). O tom costuma ser professoral, pomposo, às vezes exaltado quando reflete a ideologia unanimista do getulismo (o INCE registrou a solene queima das bandeiras estaduais em 1937).

Depois do Estado Novo, os sete curtas-metragens que integram as *Brasilianas* (1945-1956) refletem a sensibilidade pessoal de Mauro, sua mistura de saudosismo, melancolia e idealização do interior de Minas Gerais. Eles mostram também seu requinte formal, plástico e poético. Os primeiros são ilustrações de canções populares que teriam agradado a Mário de Andrade: cada plano parece preocupado em visualizar a letra da canção. *Azulão e Pinhal* (*Brasilianas* n° 2, 1948) inclui uma composição do modernista Manuel Bandeira e Jaime Ovalle. A redução das palavras em *Aboios e cantigas* (*Brasilianas* n° 3, 1954) deriva numa descrição do trabalho no campo. A veia lírica culmina em *Engenhos e usinas* (*Brasilianas* n° 4, 1955), com uma arte consumada do enquadramento e da plasticidade fotográfica para a captação de paisagens onde o homem está praticamente ausente. A marca das *Brasilianas* está presente no último longa-metragem de Mauro, *O canto da saudade* (1950).

Talvez traumatizado pela péssima recepção reservada às audácias formais e à heterogeneidade estética de *Ganga bruta* (1933), Humberto Mauro tinha abdicado das veleidades vanguardistas. O INCE não foi um laboratório para inovações de linguagem nem para experiências narrativas, nem mostrou maior sensibilidade social, contrariamente ao que aconteceu na Grã-Bretanha, na mesma época. O General Post Office Film Unit, ou seja o departamento cinematográfico do correio britânico criado em 1933, que depois de iniciada a Segunda Guerra Mundial viraria o Crown Film Unit (subordinado ao Ministério da Informação), entrou para a história do documentário. Mesmo antes do conflito bélico, era uma instituição dedicada à propaganda, sintonizada com a política social do governo e seus interesses nas colônias. Apesar disso, foi o foco de um dos principais movimentos de renovação do documentário, graças à criatividade de uma equipe que incluía o brasileiro Alberto Cavalcanti.

O INCE limitou-se a ser o fio condutor, a filigrana oculta de uma cinematografia intermitente, vegetativa, que se arrastava depois da turbulenta transição ao som. Apesar de diversas declinações do nacionalismo, condizentes com as orientações governamentais, Roquette-Pinto preservou a autonomia do INCE durante o Estado Novo, contra as tentativas do famigerado Departamento de Imprensa e Propaganda (DIP) de monopolizar a produção cinematográfica.

A modernização do Brasil e sua inserção no "concerto das nações" pareciam compatíveis com a procura e a preservação das raízes nacionais. A produção do INCE teve rapidamente uma projeção internacional, com a apresentação dos curtas-metragens *Victória régia* e *O céu do Brasil* (dirigidos por Mauro) na Mostra de Veneza, em 1938. Na Feira de Nova York, em 1939, o Brasil contou com um pavilhão desenhado por Oscar Niemeyer e Lúcio Costa, com pinturas de Cândido Portinari, interpretações de Bidu Sayão e Carmen Miranda, e dezoito fitas do INCE.[5]

---

5 SCHVARZMAN, Sheila. Op. cit., p. 216.

CLIMA

Enquanto a primeira geração modernista procurava se situar na nova configuração cultural, um grupo de jovens admiradores vai manter acesa a chama da Semana de Arte Moderna por um meio até então fechado à especulação intelectual: a Universidade. Podemos considerar que eles representam a segunda geração modernista, pois contribuem para a institucionalização do movimento junto com alguns dos mais velhos e consolidam a Semana de 1922 como marco de refundação da cultura brasileira. São os autores da revista *Clima* (São Paulo, maio de 1941 a novembro de 1944), cujo núcleo formou-se na Faculdade de Filosofia, Ciências e Letras da Universidade de São Paulo (USP).[1] A Universidade do Distrito Federal não tinha vingado, mas o projeto de modernização do ensino superior vai dar certo com a USP.

O grupo inicial de *Clima* era formado por Lourival Gomes Machado, Antonio Candido de Mello e Souza, Décio de

---

[1] Ver a primorosa tese de PONTES, Heloisa. *Destinos mistos: os críticos do Grupo Clima em São Paulo (1940-1968)*. São Paulo: Companhia das Letras, 1998.

Almeida Prado, Paulo Emilio Salles Gomes, Gilda de Mello e Souza e Ruy Coelho, entre outros. Vários deles tiveram relações pessoais com os fundadores do Modernismo, alguns até laços de família. Em todo caso, como conjunto, deram continuidade ao ímpeto de modernização e atualização e traduziram o projeto de 1922 em realizações até então inéditas. O curioso é que o nacionalismo desse setor da juventude de classe média, seu descobrimento do Brasil, foi estimulado, para não dizer exigido, pelos professores franceses contratados para criar a Faculdade *ex nihilo*, principalmente Roger Bastide, Jean Maugüé e Pierre Monbeig.[2]

Clima assinala a passagem da crítica opinativa, impressionista, palpiteira, para a crítica analítica, embasada nos instrumentos conceituais fornecidos pela Universidade, nas ciências sociais, na estética ou na filosofia. O primeiro número da revista contou com o apreciado aval de Mário de Andrade, num texto de apresentação que reflete a melancolia do autor na última fase da sua vida, "Elegia de abril". Além de outros textos dele, *Clima* contou com eventuais colaborações de Oswald de Andrade e Carlos Drummond de Andrade.

Um ensaio do diretor de *Clima*, Lourival Gomes Machado, *Retrato da arte moderna do Brasil*, divulgado no ano da morte de Mário (1945), apresenta o primeiro balanço minucioso do Modernismo. Mas a contribuição maior de Gomes Machado, dublê de cientista político e crítico de arte, vai ser o seu livro sobre *O barroco mineiro* (1969), com a apresentação de Rodrigo Mello Franco de Andrade, responsável pelo tombamento dos monumentos e obras estudadas.

As relações entre os cardeais do Modernismo e a nova geração foram às vezes ambivalentes e nem sempre pacíficas. Oswald de Andrade cunhou o termo "chato-boys" para contrapor a sisudez dos jovens à boemia da geração anterior. E por sua vez, a severidade dos moços parecia coisa de adolescentes às voltas com incômodas figuras paternas de substituição. Essas tensões tinham o sabor de brigas

---

2 ARANTES, Paulo. *Um departamento francês de ultramar: estudos sobre a formação da cultura filosófica uspiana*. Rio de Janeiro: Paz e Terra, 1994.

domésticas, tendo em conta a familiaridade e a intimidade de certas relações. A jovem Gilda de Mello e Souza era prima de Mário de Andrade. Ambos conviveram uns dez anos. O poeta orientou as leituras e corrigiu as primeiras letras da moça.

Apesar de sofrer os maus bofes de Oswald, Antonio Candido contribuiu para tirar o profeta da Antropofagia do limbo crítico em que se encontrava. Por sua vez, Oswald bateu à porta do mundo acadêmico que ele debochara, com sua tese sobre *A crise da Filosofia Messiânica* (1945). Esse interesse da universidade por Oswald de Andrade aconteceu apenas depois da sua morte (1954), na década de 1960, quando suas obras completas foram editadas pela Civilização Brasileira. A encenação de *O Rei da Vela* por José Celso Martinez Corrêa e o Teatro Oficina (1967) traria o velho agitador modernista de volta para o centro da arena cultural, com o espectro do Tropicalismo atravessando a música, o teatro, o cinema e as artes plásticas.

Paulo Emilio Salles Gomes e Décio de Almeida Prado, adolescentes precoces, colegas de colégio e amigos inseparáveis, publicaram uma efêmera revista, *Movimento* (1935), cujo único número teve capa de Anita Malfatti e atraiu as boas

Integrantes do grupo Clima. No centro sentado, Antonio Candido. Em pé, de terno escuro, Paulo Emilio.

graças de Mário de Andrade e Flávio de Carvalho. Paulo Emilio, o único com militância política do núcleo de *Clima*, era um discípulo rabugento, mas assumido, de Oswald de Andrade. O jovem e o mestre pretenderam congregar os modernistas, vanguardistas e progressistas então dispersos, numa espécie de clube ou associação chamada "Quarteirão", que interessou as três emblemáticas personalidades de *Movimento* e também Lasar Segall, Tarsila do Amaral, Victor Brecheret, Camargo Guarnieri, Caio Prado Júnior e Claude Lévi-Strauss, entre outros. O projeto não vingou, o ambiente em São Paulo não era propício.

Aliás, nem a Sociedade Pró-Arte Moderna (SPAM) de 1932, nem o Clube dos Artistas Modernos (CAM) de 1934, duraram muito. Em todo caso, a identificação de Paulo Emilio com a família modernista está comprovada. Os laços teriam desdobramentos de pai para filho: Rudá de Andrade, filho de Oswald e Patricia Galvão (Pagu), trabalharia com Salles Gomes na Cinemateca Brasileira e na criação do curso de cinema da USP.

Trinta anos depois, Paulo Emilio escreveu o seu autorretrato do crítico quando jovem:

> O nome de Oswald de Andrade tinha para mim enorme prestígio. Como o de Mário de Andrade. Não que houvesse lido seus livros. Mas eram as figuras principais do Modernismo brasileiro e sabia que Oswald se tornara comunista. Um ano antes o jornal que fundara com Pagu, *O Homem do Povo*, havia sido depredado pelos acadêmicos de direito.

Ambos foram apresentados por Nonê (Oswald de Andrade Filho), depois da publicação de *Movimento*: "Oswald me adotou imediatamente e guardo a impressão de que o via o tempo todo." Teatro, circo, exposições, viagens, encontros com figuras das artes e das letras se sucedem:

> Éramos mestre e discípulo. O estilo curioso de nossas relações é, como verifiquei mais tarde, bastante frequente. Eu não cessava nunca de agredi-lo. Hoje fico pasmo com a paciência que Oswald de Andrade tinha comigo. Imagino que o divertia. No

Rio, quando me levava para conhecer Manuel Bandeira, José Lins do Rego, Aníbal Machado ou o jovem Jorge Amado que acabara de publicar *Jubiabá*, eu não perdia uma ocasião de contradizê-lo, às vezes de forma bastante virulenta. Oswald, feliz, explicava para seus amigos que minha forma vital de expressão era o coice, mas que não houvesse engano, não se tratava de um cavalo e sim de um potro.

Apesar do deslumbramento de Paulo Emilio com os intelectuais conhecidos, mais importante foi o contato com a Aliança Nacional Libertadora, " a expressão política legal do esquerdismo brasileiro", onde encontra o pintor Di Cavalcanti e o jovem Carlos Lacerda:

> Sub-repticiamente o comunismo me levava ao puritanismo. Logo surgiram entre discípulo e mestre conflitos menos superficiais. Eu começara a ler os livros de Oswald de Andrade e não os levava muito a sério. (...) *Serafim Ponte Grande* me divertia mas *O Homem e o Cavalo* me desnorteou e chocou. (...) Pensava e dizia tudo isso para Oswald. Além de dizer, escrevi. (...) Aí meu amigo estrilou num desabafo impregnado de ciúme, se bem que o ciúme literário em estado puro só o vi manifestar em relação a Mário de Andrade, o qual, aliás, como pude constatar, nutria igual sentimento pelo antigo companheiro de luta modernista. Essas descobertas me surpreendiam pois conhecia muito pouca coisa fora ou dentro de mim.
>
> A resposta de Oswald foi um artigo ferino onde demonstrava que eu não havia entendido *O Homem e o Cavalo*, me acusava de tartufismo e me xingava de *piolho da Revolução*. (...) No dia seguinte à publicação do artigo de Oswald, *A Plateia* escreveu um editorial chamando a nossa atenção, dizendo que os intelectuais revolucionários não deviam brigar entre si. Eufórico de me ver tratado de intelectual e revolucionário me liguei ainda mais com Oswald, para grande escândalo de minha mãe que não se conformava com o piolho.

A experiência foi marcante, apesar de breve:

> Tenho a impressão de que meus 18 anos duraram anos. Tudo aconteceu em alguns poucos meses de 1935. No fim desse ano

os comunistas ensaiaram um golpe militar. Oswald se escondeu. Eu fui preso, provavelmente de acordo com meus secretos desejos, mas sem imaginar que a prisão pudesse durar tanto tempo. Quando um ano e meio mais tarde consegui fugir do Presídio do Paraíso, mal revi Oswald e viajei. E quando voltei havia acabado a idade de ouro.[3]

Em 1937, Salles Gomes viajou à França, governada pela Frente Popular, uma aliança de centro-esquerda. Levou a vida do eterno estudante, com um currículo desordenado. Os processos de Moscou contra os antigos companheiros de Lênin, as leituras de Leon Trótski, Boris Souvarine e André Gide, o convívio com Victor Serge, Andrea Cafi e outros dissidentes do comunismo, acabaram com a ortodoxia do jovem paulista. Ele teve "a revelação crucial do século – o apocalipse stalinista – que ferreteou tantas gerações, também para sempre, e de uma forma que a mesquinharia conservadora jamais compreenderá".[4]

Paulo Emilio não renuncia ao engajamento político, mas o seu inconformismo juvenil vê-se doravante reforçado pela dificuldade em aceitar um novo alinhamento. Em lugar dos trotskistas, prefere o Parti Socialiste Ouvrier et Paysan (PSOP) de Marceau Pivert. A mesma coisa na Espanha, em plena Guerra Civil: simpatiza com o Partido Obrero de Unificación Marxista (POUM). Ambas as formações eram criticadas por Trótski como "centristas", mas o POUM atraiu alguns intelectuais como o surrealista Benjamin Péret ou o inglês George Orwell,[5] que recusaram a lei do mais forte, o Partido Comunista Espanhol (PCE) apoiado pelo serviço

---

3 O texto, um dos mais autobiográficos e singelos, foi também um dos últimos entregues ao *Estado de S. Paulo*: "Um discípulo de Oswald em 1935", originalmente publicado dia 24 de outubro de 1964 ver SALLES GOMES, Paulo Emilio. *Crítica de cinema no Suplemento Literário*. Rio de Janeiro: Paz e Terra, 1982, vol. 2, pp. 440-446.
4 SALLES GOMES, Paulo Emilio. "Com Arnaldo Pedroso d'Horta na idade do ouro." In: *Argumento*, n° 4, São Paulo, fevereiro de 1964, p. 162 (reproduzido em CALIL, Carlos Augusto e MACHADO, Maria Teresa (orgs.), *Paulo Emilio: um intelectual na linha de frente*. São Paulo: Brasiliense-Embrafilme, 1986, pp. 210-211).
5 ORWELL, George. *Homenagem à Catalunha*, Lisboa, Antígona, 2007. O livro inspirou o filme *Land and Freedom* (Ken Loach, Grã-Bretanha, 1994).

secreto soviético, conforme fizeram André Malraux, Joris Ivens, Ernest Hemingway...

Na opinião de Antonio Candido, "a rejeição do stalinismo e do trotskismo implicaria a volta às fontes do marxismo e a procura de autores que pudessem inspirá-la. O esforço era meio patético, pois naquele momento, ao contrário de hoje, não havia praticamente tais autores. Não se conheciam os escritos que orientariam gerações futuras num enfoque mais livre do marxismo, como os de Gramsci, Korsch, Bloch; não havia Escola de Frankfurt nem *New Left Review*. Havia apenas a aspiração de alguns rapazes mal aparelhados e a atividade de grupos dissidentes sem bússola".[6]

O jovem heterodoxo descobriu em Paris outros inconformistas, nas páginas da revista católica *Esprit*, fundada pelo filósofo personalista Emmanuel Mounier. O catolicismo passou a ser uma coordenada importante na sua visão da realidade brasileira. "Num país como o Brasil, seria normal que existisse na nova geração intelectual um setor católico importante. Isso não acontece", lamenta. E culpa as lideranças do catolicismo brasileiro, nomeadamente Alceu de Amoroso Lima, que contrapõe à "avançada generosidade do pensamento do filósofo francês" Jacques Maritain.[7]

---

6 CANDIDO, Antonio. "Informe político." In: *Paulo Emilio: um intelectual na linha de frente*, Op.cit., pp. 55-71.
7 SALLES GOMES, Paulo Emilio. "Plataforma da nova geração." (1945). In: *Paulo Emilio: um intelectual na linha de frente*, Op.cit., pp. 82-95.

PAULO EMILIO
DESCOBRE O CINEMA

Na França, a cinefilia de Paulo Emilio tomou corpo no convívio com Plínio Sussekind Rocha, o mais entusiasta representante do Chaplin Club (1928-1931), que tinha agitado a Cinelândia carioca no auge da "arte muda". O perfil do novo "mestre" traçado pelo discípulo é digno de Jorge Luis Borges:

> Eu não compreendia as suas reflexões sobre matemática e física e no terreno filosófico também ficava de fora. Em todo caso conversávamos sobre as pessoas, os acontecimentos, cinema, literatura e pintura. Pouco a pouco senti a presença de uma linha em seu pensamento. Tenho a impressão de que naquele tempo Plínio procurava estabelecer, nos mais diversos domínios do conhecimento, um minucioso elenco de exceções e de que vislumbrava a possibilidade de uma regra que as abarcasse todas.

O mais velho leva o jovem esquerdista para ver as fitas russas que ele conhecia apenas de nome. Ambos frequentam o Círculo do Cinema, que depois virou a Cinemateca Francesa. Paulo Emilio descobre os filmes de Jean Renoir e René Clair. O advento do cinema falado tinha sido uma catástrofe para Sussekind Rocha, que praticamente deixou de escrever, conforme explica o seu discípulo:

O crítico junto da câmara.

> No seu mecanismo psicológico o pessimismo o levava à acumulação das dúvidas e estas a um perfeccionismo que o conduzia à esterilidade. Esterilidade em termos, em termos de registro. Acho que Plínio nunca cessou de pensar de forma viva e estimulante. E de falar, é verdade que para um número cada vez mais reduzido de interlocutores.

O último grupo alimentaria os quadros do Cinema Novo, na década de 1960.

> Durante toda a vida, Plínio não cessou de ver filmes e de falar sobre cinema, de forma empenhada, militante. Segundo ele o cinema era, ou fora, ou poderia ter sido, algo que transcendia a

própria noção corrente de arte e este sentimento já aponta nos escritos da adolescência: o cinema é o sublime. Este sublime ele o encontrava encarnado notadamente em Chaplin e num filme brasileiro, *Limite*, de Mário Peixoto. Envolvente, obstinado e persuasivo, Plínio procurava conquistar para os valores do cinema silencioso os amigos, as namoradas e os alunos. E isso dez, vinte ou trinta anos depois do filme falado estar implantado no século! Independentemente do resultado final, a catequese suscitava em seus interlocutores reflexões novas e não apenas sobre cinema.[1]

Em setembro de 1939, a Segunda Guerra Mundial surpreendeu o mestre e o discípulo no litoral da Mancha, em Barneville-sur-Mer, conforme conta Paulo Emílio:

> Diante do acontecimento irremediável, (...) resolvi escrever duas cartas tendo como destinatários Trótski e Chaplin. Não conhecia e não conheci nenhum dos dois mas eles eram os únicos contemporâneos ilustres a quem tive vontade de dizer alguma coisa naquele momento em que a guerra perturbava minhas perspectivas e atrapalhava meus projetos. Não seria fácil reconstituir hoje essas perspectivas e projetos ou as cartas que imaginei. Deveriam certamente incluir meditações e cálculos a respeito da morte da civilização e das chances de uma nova cultura já que Mestre Plínio me havia ensinado, além de cinema, coisas a respeito de Spengler. Não cheguei sequer a escrever as cartas, em parte por causa das namoradas que decididamente tem ocupado espaço em minha vida.[2]

Confissão e afabulação, ensaio e ficção, humor e especulação, a provocação modernista ganhou contornos sutis na prosa do antigo discípulo de Oswald, afastado dos trocadilhos e pilhérias que ele detestava.

---

[1] "Homenagem a Plínio Sussekind Rocha", *Discurso* vol. 3 n° 3, São Paulo, 1972 (reproduzido em CALIL, Carlos Augusto e MACHADO, Maria Teresa (orgs.). Op.cit., pp. 195-198).
[2] "Chaplin melhor pior", *Brasil Urgente* n° 13, São Paulo, 9 de junho de 1963 (reproduzido em CALIL, Carlos Augusto e MACHADO, Maria Teresa (orgs.). Op.cit., pp. 240-241).

Salles Gomes volta a São Paulo, ingressa na Faculdade de Filosofia e funda, em 1940, o primeiro Clube de Cinema, fechado no ano seguinte pelo Departamento de Imprensa e Propaganda (DIP). Em 1943, o espírito de aventura, somado ao antifascismo convicto, o leva a participar da Batalha da Borracha, uma campanha nacionalista empreendida na Amazônia, que o faz conhecer o interior do Brasil. O amadurecimento político foi um processo doloroso, admitiu Paulo Emilio na série de depoimentos conhecidos como a "Plataforma da nova geração":

> Os jovens intelectuais viveram muito. Falava-se muito em dialética mas dificilmente se aprendia nesses meios a pensar dialeticamente. Mas amava-se a Rússia. Amava-se a Rússia nos dois campos. Através do entusiasmo pelas realizações stalinistas, ou pelo criticismo trotskista, amava-se a Rússia.
>
> Depois aconteceu muita coisa. Vieram os dias terríveis, e passados alguns anos desapareceu no Brasil toda a espécie de organização política legal ou ilegal. Aqueles que mais profundamente haviam se integrado no Partido [Comunista], e viveram a sua penosa dissolução interna, tinham a sensação de uma completa esterilização interior, quando isso na realidade era uma impressão passageira, e eles saíram da prova tremendamente enriquecidos. Outros se transformaram em autômatos, com o pensamento e o riso mecanizados, e o brilho dos olhos perdido. Outros ainda fugiram para cada vez mais longe, para as Guianas e para a loucura. E para alguns esses processos lentos precisaram ser vividos dentro da geografia limitada das prisões.

Diante da tônica exclusivamente política e ideológica do seu depoimento, o jovem esquerdista procura justificar a sua opção:

> Estou convencido de que por maiores que sejam as realizações que possam estar reservadas à minha geração no campo literário, artístico e científico, esse conjunto não pode deixar de aparecer como um detalhe, diante do destino político, militar e religioso

de uma juventude chamada a participar do desaparecimento de um Brasil formal e do nascimento de uma nação.[3]

O título do clássico de David W. Griffith, *O nascimento de uma nação* (*The Birth of a Nation*, Estados Unidos, 1915), no fecho do texto não deve ser obra do acaso, ou pelo menos foi um lapso de cinéfilo. Na revista *Clima*, Paulo Emilio Salles Gomes ficou encarregado da crítica de filmes, mas o polifacético Ruy Coelho, crítico do *Diário de S. Paulo*, e Lourival Gomes Machado também escreveram sobre o assunto. Nenhuma revista cultural tinha dedicado tanto espaço para o cinema.

No entanto, *Clima* não deu a menor atenção ao cinema brasileiro, é a constatação daqueles que repararam que as fitas analisadas nos dezesseis números da revista eram todas estrangeiras, com destaque para *Fantasia*, desenho animado de Walt Disney (Estados Unidos, 1940), objeto de um número quase monográfico. Paulo Emilio escreveu longamente sobre John Ford e Orson Welles. Os jovens paulistas teriam ignorado assim o surgimento da companhia Atlântida Cinematográfica no Rio e o seu primeiro sucesso, *Moleque Tião* (José Carlos Burle, 1943).[4]

O legado de *Clima*, continuado anos depois pelo mesmo grupo no Suplemento Literário do jornal *O Estado de S. Paulo*, foi a criação da crítica moderna e os primeiros passos de uma cultura cinematográfica no Brasil. No Rio de Janeiro, o precedente do Chaplin Club tinha ficado sem continuidade, descompassado, apesar da tentativa do poeta Vinicius de Moraes de ressuscitar, na sua coluna do jornal carioca *A Manhã* (órgão do Estado Novo), a polêmica "cinema silencioso x cinema falado", minuciosamente resenhada por Salles Gomes.[5] Dos antigos articulistas de *O Fan*, órgão do Chaplin Club, Plínio Sussekind Rocha não escrevia mais. Octavio de

---

3 "Plataforma da nova geração", Op.cit., pp. 87 e 95.
4 Entre 1943 e 1962, a Atlântida foi a principal empresa produtora do Rio de Janeiro, responsável pelo auge da comédia carnavalesca, a popular "chanchada", desprezada pela elite, com estrelas como Oscarito e Grande Otelo.
5 SALLES GOMES, Paulo Emilio. "Notícia sobre a polêmica do Rio." In: *Clima* n° 10, junho de 1942 (reproduzido em CALIL, Carlos Augusto e MACHADO, Maria Teresa (orgs.). Op.cit., pp. 164-178).

Faria viraria o crítico do jornal carioca *O Globo,* convivendo com o invariável "bonequinho", que aplaude ou dorme na poltrona, mas dedicava sua energia ao romance.

Para a geração de *Clima,* o nível lamentável das resenhas jornalísticas é perfeitamente exemplificado por Guilherme de Almeida, "o crítico de cinema de mais prestígio em São Paulo". Apesar de o colunista d'*O Estado de S. Paulo* tinha dado o seu apoio ao Clube de Cinema, ele foi alvo dos jovens. Repetindo a antiga cobrança em relação a Oswald de Andrade, Paulo Emilio exige maior coerência do poeta modernista, mesmo se o seu raciocínio determinista é duvidoso:

> Não devemos e nem podemos nos interessar unicamente pela má qualidade de suas crônicas atuais. Porque o drama de Guilherme de Almeida é o drama do próprio cinema. Enquanto houve um bom cinema corrente, Guilherme de Almeida foi correntemente um bom crítico. Mas, aparentemente, o amor que Guilherme de Almeida tinha pela nova arte era de tal ordem que ele não hesitou em acompanhar o cinema em sua prostituição.[6]

Um segundo Clube de Cinema surge depois da queda de Getúlio Vargas, em 1946, sob a batuta de um antigo integralista, Francisco Luis de Almeida Salles, colaborador de *Clima*. Lourival Gomes Machado também participa dessa entidade, que será o embrião da Filmoteca do Museu de Arte Moderna, que por sua vez é a origem da Cinemateca Brasileira.

A agonia da ditadura getulista vai provocar em Paulo Emilio uma nova decepção política. A adesão de militares nacionalistas e as orientações do Comintern tinham conduzido o Partido Comunista Brasileiro (PCB) ao fracasso da tentativa golpista de 1935. Graciliano Ramos lembrou as consequências desse desastre nas suas *Memórias do Cárcere,* póstumas (1953), que Nelson Pereira dos Santos adaptaria oportunamente para o cinema (1984), quando os brasileiros saiam de outra ditadura. Porém, dez anos depois

---

6 SALLES GOMES, Paulo Emilio. Art. cit., p.170.

da sua quartelada, o PCB recuperou prestígio graças ao esforço alheio, a resistência da Rússia contra o nazismo. Numa reviravolta espetacular, em nome da união nacional contra o fascismo internacional, o PCB apoia Getúlio. Depois da deposição do ditador, os comunistas aproveitaram a legalidade para participar das eleições de 1945 e eleger um senador (Luiz Carlos Prestes) e quatorze deputados (um deles Jorge Amado).

Nesse contexto paradoxal, o antigetulista e antisstalinista Paulo Emilio Salles Gomes sente-se desconfortável. Tendo sacudido o apoliticismo dos colegas de *Clima*, forma uma pequena organização, a União Democrática Socialista, que acaba desembocando na Esquerda Democrática (1945), embrião do Partido Socialista Brasileiro (1947). Antonio Candido, Lourival Gomes Machado e Décio de Almeida Prado participam da jogada, mas Paulo Emilio não parece encontrar o seu lugar. Dez anos de militância, com prisão e exílio precoces, deixaram um saldo duvidoso. Para ele, acabaram-se de vez os engajamentos coletivos partidários. Seu voluntarismo vai encontrar outras causas.[7]

Em fevereiro de 1946, nem bem surgiu a primeira oportunidade, graças a uma bolsa de estudos, ele opta por uma segunda estadia na França, desta vez de oito anos (até 1954), dedicada a consolidar sua formação cinematográfica e intelectual. Nesse ínterim, teria feito análise com Jacques Lacan. Em 1949, casa com Sonia Houston Veloso Borges, cujas relações e domínio da língua francesa tiveram um impacto no seu trabalho.

Sonia era sobrinha de Elsie Houston, extraordinária cantora brasileira com carreira internacional, que tinha casado com o poeta surrealista Benjamin Péret. Fiel companheiro de André Breton até o fim da sua vida, Péret conseguiu ser expulso do Brasil duas vezes como "subversivo", em

---

[7] Quem tiver a curiosidade e a paciência de acompanhar essas peripécias deve ler a biografia de SOUZA, José Inácio de Melo, *Paulo Emilio no Paraíso*, Record, São Paulo, 2002, p. 630.

1931 e 1956, apesar de ter um filho brasileiro.[8] Outra tia de Sonia, Mary Houston, era a esposa de Mário Pedrosa, que começava a ser conhecido como crítico de arte, depois de ter sido um dos dirigentes do trotskismo no Brasil. As dissidências artísticas e políticas entravam assim para a pacata família Salles Gomes, onde apenas Paulo Emilio tinha destoado até então.

Com a ajuda estilística de Sonia Borges, ele escreveu seu primeiro ensaio de fôlego, uma monografia sobre a vida e a obra do cineasta francês Jean Vigo (1905-1934), proclamado santo padroeiro dos cineclubes pelo crítico Gilles Jacob, em 1951. O manuscrito, datado 1949-1952, esperou cinco anos para ser publicado, indo de uma editora a outra. Não foi porque houvesse prevenção contra o autor estrangeiro. O primeiro interessado, Eric Losfeld, estava lançando a sua editora Arcanes (em homenagem a *Arcane 17*, obra-prima de André Breton) e não tinha tais preconceitos. Em 1953, publicou *Le surréalisme au cinéma* de Ado Kyrou e no ano seguinte uma coletânea de Jacques B. Brunius, assistente de Luis Buñuel e amigo dos irmãos Jacques e Pierre Prévert.[9]

Porém, um ensaio exaustivo sobre um diretor de cinema ainda era um objeto voador não identificado na indústria do livro. Sintomaticamente, a editora católica Seuil, também interessada, "segurou" a publicação para oferecer aos leitores pelo menos um segundo título da nova coleção "Cinémathèque", o *Eisenstein* de Marie Seton, igualmente pioneiro e clássico com o passar dos anos.[10] Apesar do empenho do

---

8 LIMA, Sérgio. "Je ne mange pas de ce pain-là: Histórico, documentação e ensaio em homenagem a Benjamin Péret". In: *A Phala,* n° 1, São Paulo, agosto de 1967, pp. 115-134.
9 KYROU, Ado. Op.cit.; BRUNIUS, Jacques B. *En marge du cinéma français.* Paris: Arcanes, 1954.
10 SALLES GOMES, Paulo Emilio. *Jean Vigo.* Paris: Editions du Seuil, 1957. O livro foi traduzido em inglês em 1972, em italiano em 1979, em português em 1984 (Paz e Terra). Em compensação, os leitores brasileiros tiveram a primazia do volume sobre o pai do cineasta: SALLES GOMES, Paulo Emilio. *Vigo, vulgo Almereyda*, São Paulo: Edusp, Companhia das Letras e Cinemateca Brasileira, 1991. Este texto tinha sido reduzido a um sucinto capítulo inicial, por uma sábia decisão do primeiro editor francês. A monografia do autor brasileiro inspirou provavelmente o filme *Vigo, histoire d'une passion/Vigo, Passion for Life* (Julien Temple, França-Grã-Bretanha, 1998).

Paulo Emilio escreveu sobre Jean Vigo, autor do filme *L'Atalante*.

diretor da coleção, Chris Marker, cronista da revista católica *Esprit*, a série não teve continuidade. Foi preciso esperar as décadas de 1960 e 1970 para assistir à proliferação de monografias da coleção "Cinéma d'aujourd'hui" dirigida por Pierre Lherminier para a editora de Pierre Seghers (com 80 títulos), depois do precedente bem mais modesto da coleção "Classiques du cinéma" dirigida pelo historiador Jean Mitry para as sisudas Editions Universitaires, a partir de 1954.

Com o seu *Jean Vigo*, Paulo Emilio é portanto um dos inventores de um dos gêneros mais prolíficos da literatura sobre cinema. As monografias sobre diretores são a tradução em livro da "política dos autores" desenvolvida pela crítica francesa nas suas revistas especializadas, para separar o joio do trigo, ou seja os realizadores que eram apenas artesãos da indústria do filme daqueles que eram realmente criativos e com personalidade, expressada num estilo ou universo próprio.

Enquanto o manuscrito continuava inédito, a revista francesa de cinema *Positif*, ligada a esquerdistas dissidentes e a surrealistas, publicou um número especial dedicado a Jean Vigo (n° 7, Paris, maio de 1953), que inclui material facilitado pela filha, Luce Vigo, e Paulo Emilio. Foi a primeira publicação sobre o conjunto da obra do cineasta. Em 1952, o número 4 da *Positif* tinha publicado um artigo de Alex Viany sobre "Le cinéma au Brésil", talvez fruto da mesma conexão.

Plínio Sussekind Rocha foi um dos brasileiros que visitou Paris nessa época. O reencontro com Salles Gomes rendeu uma entrevista do "Mestre Plínio" feita pelo agradecido discípulo para a revista surrealista *L'Age du cinéma* sobre *Limite* de Mário Peixoto, "uma obra-prima desconhecida", assinada apenas com as iniciais, S. G.[11] Foi a primeira e durante muitos anos a única matéria sobre o filme publicada fora do Brasil (o artigo atribuído a Eisenstein era uma invencionice de Mário Peixoto). *L'Age du cinéma*, que teve apenas seis números, foi criada pelos surrealistas Ado Kyrou e Robert Benayoun, figuras emergentes do movimento de Breton no pós-guerra (anos depois Benayoun seria um dos críticos "descobridores" do Cinema Novo na França). A "ponte" entre o entrevistador e *L'Age du cinéma* deve ter sido o poeta Benjamin Péret, que assinou um artigo no primeiro número da revista.

Paulo Emilio era o correspondente do Clube de Cinema de São Paulo e depois da Filmoteca do Museu de Arte Moderna. Ele faz as articulações junto à Cinemateca Francesa, à Federação Internacional dos Arquivos Fílmicos (FIAF), à Unesco, ao cineclubismo em auge, para conseguir filmes. Salles Gomes assume responsabilidades na FIAF. O Festival Internacional organizado para o quarto centenário da fundação de São Paulo, em 1954, acelerou sua reintegração à cena cultural.

Em 1956, o divórcio da Filmoteca e o MAM desembocou na criação da Cinemateca Brasileira, cuja existência precária

---

11 S. G. [Salles Gomes], "*Limite*, film brésilien de M. Peixoto: interview du professeur Plinio Sussekind Rocha", *L'Age du cinéma* n° 6, Paris, 1952, pp. 47-50. A entrevista foi traduzida em AMICO, Gianni. *Il Cinema Brasiliano*. Gênova: Silva, 1961, pp. 72-79.

no Parque do Ibirapuera vai mobilizar sua energia durante dez anos, com Rudá de Andrade na primeira linha dos seus colaboradores. A turma do *Clima* é convocada para prestar o seu apoio. A coisa começa mal, com o incêndio de 1957 que destruiu boa parte do acervo. Trabalhar na Cinemateca passa a ser um sacerdócio, com Paulo Emilio na condição de profeta desarmado, incapaz de fazer milagre e arregimentar os fundos necessários.

SALLES GOMES, CRÍTICO PROFISSIONAL

Em 1956, Décio de Almeida Prado convida seu velho amigo Paulo Emilio Salles Gomes para assumir a crítica de cinema no novo Suplemento Literário lançado pelo jornal *O Estado de S. Paulo*. Na época, as revistas culturais continuavam ignorando o cinema, apesar do precedente de *Clima*. Quanto às revistas de cinema, ligadas ao cineclubismo, tinham uma difusão restrita. O vazio foi então preenchido pelos suplementos culturais dos principais jornais das capitais (Rio de Janeiro, São Paulo, Belo Horizonte, Salvador). Estes assumiram uma função que ultrapassava sua vocação natural, a resenha dos eventos e das novidades.

O Suplemento Literário do *Estadão* tem a consistência da revista *Clima*, com maior periodicidade, mais espaço e com um público-alvo incomparavelmente superior. Paulo Emilio administra a nova plataforma à sua disposição com enorme maleabilidade, sem nenhuma obrigação em relação aos lançamentos comerciais (dos 203 artigos em dez anos, apenas sete ou oito foram provocados por fitas distribuídas em São Paulo). Em breve, dedica oito crônicas semanais ao mesmo tema (Orson Welles), a seguir nove (o cinema alemão), dez (o cinema francês) e doze (o cinema italiano).

Amiúde, o que justifica tais comentários é a programação de Cinematecas e festivais. O crítico se mexe no Suplemento Literário com uma liberdade e amplitude de critérios insólita na imprensa da época. Se a defesa de uma programação cultural alternativa e minoritária justifica o seu empenho, às vezes o pretexto para as suas divagações se encontra em algum livro, revista especializada ou viagem. Talvez o bloco mais surpreendente, do ponto de vista jornalístico tradicional, seja o formado pelas crônicas consagradas a defender sistematicamente o desenvolvimento da Cinemateca Brasileira (ou a sua reconstrução, depois do incêndio de 1957). Essa luta ingrata, quase sempre confidencial mesmo nos países onde foi inventada a noção de patrimônio fílmico, adquiriu em Salles Gomes o caráter de uma militância pública, com a energia antes demonstrada na política partidária.

A densidade dos artigos está mais próxima do ensaísmo de *Clima* do que das notas curtas e entusiásticas da velha *Klaxon*. Caso aplicarmos ao Suplemento a contabilidade pseudoanalítica empregada para as duas revistas, veremos que o cinema brasileiro é o assunto de apenas 35 artigos (ou seja, 17,24 % do mencionado total de 203). Antes de interpretar esses números, seria bom agregar os 21 artigos dedicados à causa da Cinemateca de São Paulo, sem esquecer aqueles que criticam a censura.

Durante anos, o crítico encontrou na consolidação da Cinemateca Brasileira sua própria inserção na cinematografia nacional. Talvez seja possível deduzir dessa insistência a precariedade da institucionalização cultural iniciada pelos modernistas na década de 1930. Vinte anos depois, Cinemateca era notícia quando as cópias em nitrato pegavam fogo.

Em todo caso, no Suplemento Literário mais do que em *Clima*, Paulo Emilio tem sempre presente o leitor a quem se dirige, entabulando um diálogo singular, semana depois de semana. Seus artigos são lidos e discutidos por leitores assíduos espalhados pelo Brasil todo. É o debate do cineclubismo numa escala nacional, com inteligência e talento literário, um texto prazeroso, bem-humorado, elegante, sem dogmas, sem pretensão acadêmica, nem esnobismo. Uma conversa contínua, uma reflexão instigante, um apelo à participação dos leitores na nova sensibilidade moderna, uma abertura das mentalidades, uma proposta incansável de novos caminhos e o redescobrimento dos tesouros esquecidos da história do cinema, prestes a renovar nosso olhar.

Ora, a criação de um novo público, de uma plateia mais exigente, de um espectador mais participante, foi uma das condições para o surgimento de uma nova maneira de fazer cinema no Brasil, para o Cinema Novo. Numa fase de auge dos cineclubes, Salles Gomes colabora na formação dos quadros e animadores do movimento, sem reparar na sua divisão entre católicos e comunistas. Seu magistério oral é ainda mais marcante do que a sua prosa, pois tem sua carga de sedução e carisma. "Finge, faz ironias, lança paradoxos", descreve Ismail Xavier. "Era também de conversa o tom com

São Paulo. Paulo Emilio Salles Gomes e Décio de Almeida Prado, 1974.

que sempre desenvolvia e subvertia as suas aulas", lembra o discípulo da Universidade de São Paulo (USP).

A crônica e a aula como conversa; a ideia do cinema como espaço democrático onde todos têm direito à fala sem inibições; a reiterada discussão de filmes em correlação estreita com o político e o social; as reflexões que frequentemente mobilizam a reminiscência pessoal, a referência a fatos curiosos e as associações mais abrangentes – estes são os dados que se articulam em torno de uma concepção da cultura como diálogo sem hierarquias. Dentro dessa matriz, a produção – de filmes, de textos, de saberes – é um elemento parcial da dinâmica cultural, a qual só se completa com o movimento de retorno deflagrado pela recepção do público e da crítica, dos cineastas e outros artistas, todas sendo decisivas. Sublinhando este aspecto dialógico da vida cultural, Paulo Emilio privilegia a noção de processo: concebe todo um movimento orgânico que se faz da interação entre filme e sociedade, crítico e cineasta, obra e público, movimento cuja cristalização maior é o trajeto de uma cinematografia no tempo.[1]

O Suplemento Literário, o cineclubismo e a transmissão fazem parte do mesmo processo. Salles Gomes abre as páginas do jornal e as salas de aula para jovens como Gustavo Dahl e Jean-Claude Bernardet. Leal à segunda geração modernista, a dos institucionalizadores, Paulo Emilio participa da integração do cinema no ensino superior. Em 1962, cria o curso de cinema da Universidade de Brasília e organiza uma Semana do Cinema Brasileiro na nova capital, mas a experiência docente é interrompida pelo regime militar de 1964. A seguir, atua na USP, primeiro à sombra de Antonio Candido na cátedra de teoria literária e literatura comparada (1966), onde estuda a efervescência modernista em Cataguases e a revista *Verde*. Depois na nova Escola de Comunicações e Artes (1968), com Rudá de Andrade mais uma vez como fiel escudeiro. A ECA viria a ser o principal foco dos estudos

---

1 XAVIER, Ismail. "A estratégia do crítico." In: *Paulo Emilio: um intelectual na linha de frente.* Op.cit., pp.217-222.

universitários sobre cinema brasileiro e um dos berços de cineastas com formação acadêmica.

Em pleno auge do Cinema Novo, Salles Gomes deu legitimidade universitária à pesquisa sobre a história do cinema nacional. O legado de *Clima* para a cultura cinematográfica no Brasil é esse, não é quantas críticas de filmes brasileiros a revista publicou ou deixou de publicar. Paulo Emilio é o elo perdido entre o Modernismo e o cinema brasileiro.[2]

---

2 As críticas dedicadas por Paulo Emilio a *The Long Voyage Home* (*A longa viagem de volta*, John Ford, Estados Unidos, 1940), *Tobacco Road* (*Caminho áspero*, John Ford, Estados Unidos, 1941), *L'empreinte du Dieu* (*Duas mulheres*, Léonide Moguy, França, 1940) e *Citizen Kane* (*Cidadão Kane*, Orson Welles, Estados Unidos, 1941) na revista *Clima*, "negam o hiato apontado entre o crítico do cinema estrangeiro e o do cinema nacional: a despeito da proclamação reiteradamente feita por ele mesmo de sua conversão radical à cinematografia do País, como se a sua atividade de pensador a um determinado momento houvesse dado um salto qualitativo, tal circunstância jamais ocorreu a não ser na fantasia do crítico" Segundo TAVARES, Zulmira Ribeiro. "Paulo Emilio crítico: o antes e o depois." In: *Filme Cultura* n° 45, Rio de Janeiro, março de 1985, pp. 21-25 (reproduzido em CALIL, Carlos Augusto e MACHADO, Maria Teresa (orgs.). Op. cit., pp. 179-186).

o Rio de Janeiro, em casa de Rodrigo Mello Franco de Andrade, seu filho Joaquim Pedro costumava assistir às conversas com o seu padrinho, o poeta modernista Manuel Bandeira. Uma parte dos livros do "Dr. Rodrigo" está aí, continuam sendo lidos, consultados e manuseados. As lombadas estão gastas, o cheiro de papel velho dá vontade de espirrar, mas quem vai à Biblioteca Nacional com esse calor, quando tem tudo à mão? Além disso, livro combinado com cigarro e bebida provoca lembranças:

"Manuel Bandeira vinha jantar toda quarta-feira. Ele ficava à vontade, falava de tudo. Me lembro das noites em que o padrinho se indignava, contando alguma coisa que o tivesse irritado e agitava-se impulsivo, violento, para de repente achar graça na própria fúria e na história que estava contando. Tanta mágoa! Vinha então aquela risada alegre, quase infantil.

"Desde jovem senti esses mesmos sentimentos conflitantes, a sensação de que vou explodir com a pressão que cai em cima de mim. Tem amores que matam, ouvi uma vez num bolero desses que passam no rádio. Pergunto-me o que teria sido de mim se eu não tivesse encontrado na Faculdade de Filosofia o Plínio Sussekind Rocha. Quando ele soube que o

meu pai era o Dr. Rodrigo do Serviço do Patrimônio Histórico
e Artístico Nacional (SPHAN), foi logo me mostrando o *Limite*
do Mário Peixoto, na única cópia existente de nitrato altamente
inflamável. Acho que foi o primeiro filme tombado pelo SPHAN.
"Plínio era uma figura sensacional, muito inteligente, muito
aberta, que entendia muito de física mecânica, que era a cadeira
dele. Mas era também uma pessoa de grande cultura geral, que
entendia de filosofia, filosofia da ciência e de arte, era muito
interessado em arte. Era uma pessoa de muita sensibilidade
e também muito radical nas aproximações teóricas que ele
fazia de cinema ou de outros campos de arte, de maneira que
sempre exerceu muita influência. Mesmo no campo da física,
na faculdade, ele formava uma espécie de grupo à parte que
influenciava os outros e abria muito a cabeça do pessoal. Ele
tinha também uma cordialidade muito especial no trato com
os amigos e formava quase que uma corte de discípulos extremamente fiéis, que o acompanharam ao longo da vida inteira.[1]

"Plínio só gostava de cinema mudo. Além do *Limite*, tinha
O encouraçado Potemkin e *Outubro* de Eisenstein, as fitas
do Humberto Mauro... Reativamos o cineclube da Faculdade,
o Centro de Estudos Cinematográficos, e passamos para a
produção de filmes. Do grupo que se juntou nessa atividade,
muitos acabamos nos profissionalizando: Paulo César Saraceni, Saulo Pereira de Mello, Marcos Farias, Leon Hirszman.
Plínio foi nosso mentor. A gente passava horas discutindo no
bar da Filosofia e outros botecos. Naqueles quarteirões entre
o auditório da ABI (Associação Brasileira de Imprensa) e a
Maison de France descobri que o cinema podia reconciliar
a minha vocação pela ciência e o gosto pela arte e as letras.

"Sem o Plínio, depois da formatura talvez eu tivesse virado
conservador, restaurador, arqueólogo, sei lá, tudo aquilo que
o Pai apreciava e precisava quando dizia que falta gente para
transformar a preservação dos monumentos numa revitalização, numa recuperação para a comunidade dos vivos. Senti

---

[1] BAHIENSE, Sylvia."Entrevista de Joaquim Pedro de Andrade" (1976). In: *Vida em movimento: Joaquim Pedro de Andrade*, catálogo da restauração dos filmes do cineasta pela produtora Filmes do Serro, Rio de Janeiro, s.d. (2006).

que estava traindo sua expectativa quando entreguei a ele o meu diploma e avisei que tinha resolvido me dedicar ao cinema. Ele tomou um susto, ficou alarmado. Não condizia com os seus princípios contrariar a vontade do filho, mas assim mesmo me fez ir primeiro a Congonhas do Campo (Minas Gerais), para fazer um estágio na restauração dos Passos da Paixão do Aleijadinho.

"Sábia decisão. Devo confessar que me fez bem, entendi melhor o trabalho do Pai, fiquei deslumbrado com a beleza das obras, achei que a vida do Aleijadinho dava um filme extraordinário. Passei também a desconfiar do culto da novidade pela novidade. Modernidade virou moda, não é mais aquela ruptura da Semana de Arte Moderna. Aliás, modernidade funciona como um binômio com uma certa tradição. Por isso o Plínio e o Saulo Pereira de Mello mantêm acesa a chama de *Limite*. Tem gente que acha maluquice, obsessão. Mas eles acreditavam que a semente do Mário Peixoto podia desabrochar em outro momento.

"Quando fui a Paris, o Pai me recomendou que procurasse Paulo Carneiro, um cientista que passou pelo Instituto Pasteur e virou um dos medalhões da Unesco: membro do Conselho Executivo por mérito pessoal. Quando veio o golpe de 1964, ninguém o tirou de lá. Grande figura. Os pais tinham sido os primeiros casados na Igreja positivista, no Rio de Janeiro. Dizem que namorou a atriz Simone Signoret. Continuou até o fim fazendo charme para mulher. Conhecia cada rua, cada imóvel de Paris, como a palma da mão. Era capaz de contar casos a cada passo que dava pela cidade.

"O filho, meu amigo Mário Carneiro, tinha uma relação atritada com o pai dele, mistura de amor e ódio. Dá pra perceber no longa-metragem que produzi para o Mário dirigir, *Gordos e Magros* (1976). Mas a verdade é que graças ao Paulo Carneiro conseguimos moviola, gravador Nagra, a nova câmera leve que os franceses adotaram, tudo que precisávamos no Brasil. Na época, a Unesco dava certa bola pro cinema, não tinha essa burocracia toda, eram tempos heroicos. Está aí uma instituição que surgiu como instrumento de modernização, além dos objetivos oficiais, a paz, a educação, aquele bla-bla do pós-guerra que já vinha da antiga Sociedade das Nações. "Não posso me queixar das instituições, pegaria mal para o filho do Dr. Rodrigo. Que sociedade careta, tem vezes que gostaria de mandar tudo à merda. Enfim, foi o Instituto Nacional do Livro, que tem a mesma idade que o SPHAN, que produziu meu primeiro filme. Quis homenagear em forma equitativa dois mestres do Modernismo, meu padrinho Manuel Bandeira, e o Gilberto Freyre, que é o oposto da inspiração lírica do poeta, pois curtiu a pesquisa, a ciência, o ensaio, a história, a sociologia, a antropologia, tudo que era realmente novidade na época de *Casa Grande & Senzala* (1933).

"Achei que ficava bem filmar no Rio e no Recife, juntar a capital e o Nordeste, os dois polos do movimento modernista, o Sul e os regionalistas que deram ênfase ao social. *O mestre de Apipucos e o poeta do Castelo* (1959) era um díptico, como aqueles que vi em tantas igrejas.[2] Procurei mostrá-los no seu cotidiano, na sua humanidade, em lugar daquela solenidade dos documentários do INCE.

"Pedi ao Bandeira e ao Gilberto Freyre que me mandassem sugestões sobre o material que deveria aparecer no filme. Eles mandaram e a partir daí eu fiz o roteiro. Tinha uma passagem do Gilberto deitado lendo numa rede. O Manuel Bandeira parecia muito pobre, num cenário de concreto armado, sozinho, carregando uma garrafa de leite. Quando juntei os dois, isso provocou um contraste não planejado, não intencional, da figura do Manuel com a figura do Gilberto. O Gilberto morava no Solar de Apipucos, uma casa muito bonita no Recife. Parecia que o Gilberto era um ricaço e o Manuel não tinha um tostão.

"Isso aborreceu o Gilberto: 'Sei, agora, por um artigo do sempre admirável Manuel Bandeira, sobre o filme em que aparecemos juntos, que ele está sendo considerado através desse filme, por uns tantos maliciosos, uma espécie de esnobe da pobreza; e eu – ai de mim! – uma espécie de

---

2 ARAÚJO, Luciana Corrêa de. "O mestre de Apipucos e o poeta do Castelo". In: PARANAGUÁ, Paulo Antonio (org.). Op.cit., pp.296-299.

esnobe da riqueza. Pobre riqueza a deste velho morador de Santo Antônio de Apipucos, que só para atender ao pedido de um amigo fraterno concordou em que lhe fixassem em filme – em sínteses um tanto arbitrárias em que se procura documentar antes a casa que a pessoa do escritor.'
"Que esculacho! Para evitar que o pito do Gilberto Freyre acabasse em briga com o Dr. Rodrigo, que tinha me facilitado o contato com o amigo pernambucano, cortei o filme pela metade. Somente a parte sobre Manuel Bandeira passou nos cinemas. A partir dessa experiência, sempre tive a sensação de partir para a seguinte procurando fazer o contrário, tentar outro caminho, como se estivesse sempre desfazendo o andado, aprendendo tudo de novo, começando mais uma vez. No início sentia isso com desconforto, mas acabei achando estimulante voltar a sentir a vibração dos primeiros passos.

"Resolvi então fazer um curta de ficção, *Couro de gato* (1960), que apesar dos seus defeitos foi considerado o melhorzinho do *Cinco Vezes Favela* (1962). Nunca frequentei o CPC (Centro Popular de Cultura) da UNE (União Nacional dos Estudantes), que produziu os outros quatro episódios. Aliás nunca me convidaram. Tínhamos discordâncias de princípios, de formas, de conteúdos. Achava o CPC muito impositivo pra mim. Depois voltei ao documentário com *Garrincha, Alegria do Povo* (1963). Queria aproveitar tanto curso no exterior e fazer cinema--direto, como o dos irmãos David e Albert Maysles, com quem estudei nos Estados Unidos. Mas não consegui, por inadequação do material técnico e por inadequação minha com o tema.

"Ficou muito mais um filme de montagem, edição de material de arquivo que havia, com mais uma filmagem de tipo direto que a gente fez no Maracanã. O Nelson Rodrigues disse que catei com 'obsessiva paciência' as reações fisionômicas da torcida. 'No ser humano, só a cara importa e o resto é paisagem, escreveu ele na sua coluna sobre futebol. Na fita, o que vemos é a máscara humana na sua infinita variedade. Uma coisa vos digo: não há Nápoles, não há rio, ou mar, ou Via Láctea, ou aurora, ou poente que seja tão patético como as caras desdentadas que o Joaquim Pedro descobriu.'

"Foi num poema de Carlos Drummond de Andrade, 'O padre, a moça', que encontrei a ideia para o primeiro longa de ficção, tão diferente dos filmes que tinham lançado o Cinema Novo no cenário nacional e nos festivais internacionais. Pela primeira vez senti a cobrança vinda de onde menos a esperava, dessa esquerda tão engessada e dogmática quanto a Igreja católica. Imagino o que diriam de Luis Buñuel, que tinha acabado de filmar o maravilhoso *Simón del Desierto* (México, 1964), aos sessenta e quatro anos!

"*O Padre e a Moça* (1966) é o filme mais sofrido que já fiz. Nele eu me entreguei a um processo de tentativa de conhecimento através do cinema. Sou uma pessoa em dúvida, em movimento, tentando entender melhor as coisas, tentando situar-me e definir-me pelas atitudes críticas que vou tomando; uma pessoa em busca de seus valores, colocando em questão, permanentemente, a escala de medida desses valores.

"O poema do Drummond é muito diferente do argumento que desenvolvi. Porque o poema é aberto, atirado para o mundo, um padre que é uma espécie de garanhão de dedos atirado para fora. E o padre que me interessava era um padre inibido, amarrado. Eu usava a figura do padre com a batina como se fosse um manto de inibição, uma prisão. Era um filme aprisionado, era um filme um pouco a meu respeito, porque naquele tempo eu sofri um pouco desse problema de amarramento eterno. O padre é um personagem quase mudo.

"No filme está Minas Gerais, terra dos meus pais, e também uma mistura afetiva bem íntima. Por um lado, era mais patético do que os torcedores do *Garrinha*, aquela coisa tenebrosa, obscurantista, tipo Marcha da família com Deus. Por outro lado, tinha a carga subversiva da paixão amorosa contida, enrustida, tão frequente naquele tempo. Havia a repressão da ditadura e as repressões da nossa herança religiosa e patriarcal, o novelo do sagrado e o profano.

"Dei a volta por cima com *Macunaíma* (1969). Não consigo imaginar qual teria sido a reação do Mário de Andrade, porque não é bem uma adaptação. Para ser justo, considero o filme um comentário do livro. Tomei tantas liberdades em relação ao original que seria mais apropriado falar em interpretação. Mas isso é vocabulário de acadêmico, não de gente de cinema. Quando da discussão do *Padre e a Moça*, começaram a dizer nas minhas costas que era alienado, filhinho de papai, gente fina sem consciência social, como se eu fosse o único bem nascido no Cinema Novo. Partidão não tem jeito.

"Em *Macunaíma* botei tudo que estávamos vivendo na ditadura, até a guerrilha urbana, mas não deixei pedra em cima de pedra. Passei tudo pelo filtro da carnavalização, sem medo da chanchada. Disseram que a comédia carioca era a inimiga pública número um do Cinema Novo. Imagina! O que seria de nós sem Grande Otelo? Nelson Pereira dos Santos tinha chamado ele para *Rio Zona Norte* (1957) e o Otelo até que não aprontou muito.

"O *Macunaíma* somente com o Paulo José não seria o mesmo, precisava daquelas caretas que o Otelo faz como ninguém. Anos depois, quando vi *Esse obscuro objeto do desejo*, o testamento político e amoroso do mestre Buñuel (*Cet obscur objet du désir*, França, 1977), senti que a dupla interpretação do personagem tinha sido uma boa intuição. Daria inclusive para reforçar a dose, colocando na tela os dois intérpretes ao mesmo tempo, como se fosse uma dupla personalidade.

"Tive a intenção deliberada, desde o início, de procurar uma comunicação popular tão espontânea, tão imediata, como a da chanchada, sem nunca ser subserviente. O filme não é paternalista, no sentido em que talvez fossem paternalistas os primeiros filmes do Cinema Novo: 'Dando uma lição'. Ele procura ser feito do povo para o povo, é a orquestração mais simples possível, mais direta de motivos populares, atendendo à definição de rapsódia, que foi como Mário de Andrade qualificou o livro.

"*Macunaíma* era um projeto que me interessava há muito tempo, desde que pensei em fazer cinema e me lembrei do livro, que já tinha lido antes. Me interessava muito, porque tinha um caminho de adaptação na cabeça que me parecia viável. Mas nunca tentei realizá-lo antes, porque havia uma fila de gente pronta a fazê-lo, inclusive amigos meus. Por um motivo ou por outro, foram desistindo. Restou então Cacá

Diegues, que também passou uns anos com essa ideia na cabeça. Acho até que quando o Cacá fez *A grande cidade* (1965) partiu tentando mesmo adaptar *Macunaíma*, desistindo no meio do caminho. Fui então falar com ele e perguntei se ainda pretendia adaptar o *Macunaíma*. Cacá respondeu que não e eu parti então para a realização do filme.

"Custei a ver claro no conjunto do livro, até que entendi como funcionava em relação aos problemas do Brasil e até em relação aos problemas do mundo. Mas afinal a coisa se resolveu com bastante facilidade, quando consegui entender politicamente o livro. Escrevi duas adaptações que me consumiram quatro meses, mais ou menos de fevereiro a junho de 1968 (a filmagem só começou em setembro desse ano). Na primeira eu tentava racionalizar, em certa forma domar o livro. Mas as coisas colidiam. Iam em várias direções e não se completavam. Já na segunda, quando entendi que *Macunaíma* era a história de um brasileiro que foi comido pelo Brasil, as coisas ficaram mais coerentes e os problemas começaram a ser resolvidos uns atrás dos outros.

"O personagem, no livro, é mais gentil do que no filme, assim como o filme é mais agressivo, feroz, pessimista, do

Cena de *O padre e a moça*, com Paulo José e Helena Ignez.

AAAI QUE PREGUIÇA !!!
GRANDE OTELO PAULO JOSÉ JARDEL FILHO
MACUNAÍMA
DINA SFAT RODOLFO ARENA MILTON GONÇALVES
TÁ GOSTOSO, CORAÇÃO, TÁ?

que o livro amplo, livre, alegre e melancólico de Mário de Andrade. O que falta ao personagem é uma visão mais geral, mais ambiciosa e mais consciente. Ele dá sempre os seus golpes com objetivo limitado, pessoal, individualista. É um estágio vencido – mas importante – do que seria o caminho para o herói moderno brasileiro. Macunaíma é o herói derrotado, que acaba comido pela Iara, abandonado e traído.

"O livro não tem limitações realistas como as que o filme tem, por escolha minha. Procurei tornar reais as lendas para aproximá-las do público. Usei o essencial da lenda, para torná-la mais ativa para a plateia. Acho que a lição de Kafka é tratar o absurdo de forma minuciosamente realista, dando a ele um poder de agressão muito maior. O canibalismo, por exemplo, é tratado no filme com a maior naturalidade, sem artifício. Isso o torna mais próximo e incômodo.[3]

"Numa crônica comovente, Carlos Drummond de Andrade escreveu que o filme *Macunaíma* 'redescobre – ó surpresa geral – Mário de Andrade, uma das minas de diamante do Brasil, esquecida há mais de 20 anos'. O poeta tinha razão. Coitado deste país com amnésia periódica. Mesmo no Cinema Novo, o Modernismo custou a entrar em campo. Os romances do Nordeste tinham preferência. O social... O óbvio ululante, como dizia o Nelson Rodrigues, o grande reaça que via fundo na alma brasileira.

"Quando fui fazer o *Macunaíma*, comecei a me interessar pela figura de Oswald de Andrade, que era uma espécie de outro lado do Mário de Andrade. Como eu admirava imensamente o Mário, eu tinha tendência a tomar partido nesta espécie de oposição, de antagonismo que havia entre as duas figuras, em favor do Mário. Inclusive por questões próximas a mim, porque Mário trabalhou com meu Pai e eu sentia da parte de todos uma grande reserva moral em relação ao Oswald e uma admiração sem limites pelo Mário, embora todos admirassem muito a obra de Oswald. Então comecei a ler o Oswald, a achar realmente muito engraçado, e a gostar muito dele, e

Cartaz de *Macunaíma*, um marco da filmografia brasileira.

---

3 HOLLANDA, Heloisa Buarque de. *Macunaíma: da literatura ao cinema*. Rio de Janeiro: José Olympio e Embrafilme, 1978, pp. 112-126.

a sentir que ele era muito aquele herói sem nenhum caráter que eu estava filmando, que ele era o Macunaíma.[4]

"A impostação que pretendi dar a *Macunaíma* não se vincula à onda tropicalista, que, para mim, sempre foi completamente furada como movimento. Depois daquela proliferação de deboche, senti a necessidade de me 'ressourcer', de voltar às minhas fontes como dizem os franceses. Veio à tona mais uma vez o meu lado racional, científico, austero, rigoroso. O engraçado é que essa ascese significou voltar ao barroco mineiro, a menina dos olhos do Dr. Rodrigo. *Os Inconfidentes* (1972), rodado em Ouro Preto, é completamente diferente do filme do INCE com o mesmo título (1936).

"Escrevi o roteiro com Eduardo Escorel, a partir do *Romanceiro da Inconfidência* de Cecília Meireles (1953). É um filme que trata diretamente da política, dos artistas envolvidos na política, da tentativa política de artistas, de pessoas de classe média, e do comportamento dessas pessoas debaixo de uma repressão. Quer dizer: era a tentativa de fazer um filme sobre um problema contemporâneo, daquele momento no Brasil, escudado nesse historicismo. Porque ficava difícil para a censura cortar o que era historicamente exato como as falas de Tiradentes, as falas dos poetas da Inconfidência.

"Os intelectuais são capazes do melhor e do pior. Mas é a condição humana, cobra-se demais dos intelectuais porque assumimos atitudes públicas, porque estamos em evidência, mas no fundo somos humanos, humanos demais. O amor, a amizade, os afetos, foram o que tive de melhor nesses anos de furor e de lágrimas, de impotência diante da boçalidade da ditadura.

"Mas os contos de Dalton Trevisan que adaptei em *Guerra conjugal* (1974) mostram a outra face: a servidão doméstica, o beijo apodrecido, as varizes, a porta aberta, a arteriosclerose, o barulho da boca, o erotismo de cozinha, a concupiscência senil, os tapas na gorda, o delírio da carne em flor, a cama dentada, o voyeurismo necrófilo, a decoração de interiores,

---

4 AVELLAR, José Carlos. "Joaquim Oswald Mário Pedro de Andrade Rocha" (entrevista), *Jornal do Brasil*, Rio de Janeiro, 5 de maio de 1982.

o sexo em dúvida, a bronquite asmática e mesmo o triunfo final da prostituição sobre a velhice indicam a possibilidade de redenção pelo excesso de pecado.

"Meus filmes tratam das relações entre pessoas e frequentemente estas relações não são das mais agradáveis, sinceras e honestas do mundo. Faço filmes sobre a patifaria, a safadeza. Só sei fazer cinema no Brasil, só sei falar de Brasil, só me interessa o Brasil.

"Depois de tanto baixo astral, dei uma nova guinada com *Vereda tropical*, episódio de *Contos eróticos* (1977) sobre a paixão solitária de um rapaz pelas melancias, seus objetos sexuais. É um filme diferente dos que fiz até hoje, alegre, otimista, enquanto que os outros eram terríveis, tenebrosos. Minha visão é quase sempre meio cruel. É no humor cáustico que acho graça. Não suporto mais tanto melodrama, precisamos recuperar o humor como suprema virtude nacional.

"Tinha amadurecido a biografia de Oswald de Andrade, *O Homem do Pau-Brasil* (1981), interpretado simultaneamente pela Ítala Nandi e o Flávio Galvão. A recepção não foi boa. Parecia que a hora do redescobrimento dos modernistas tinha passado. Quer saber uma coisa? *O Homem do Pau-Brasil* não foi feito para chatos, sobretudo mal intelectualizados ou mal politizados. Na verdade, foi feito para quem gosta dele. E tem muita gente boa que gosta. Não tanta, certamente, quanto num pique de Ibope na televisão, mas tem mais do que o bastante. Se não tiver agora, vai ter na soma, com o tempo. E aí entra correção monetária, videocassete, televisão por cabo etc.

"Por incrível que pareça, voltei ao meu ponto de partida, Gilberto Freyre. A adaptação de *Casa Grande & Senzala* é um filme raro na minha obra, porque é feito de encomenda. Mas nem por isso ele deixa de ser autoral. Eu comecei por mudar o título, quis torná-lo distinto do título do livro, mesmo que por uma pequena diferença. O filme se chamará *Casa Grande, Senzala & Cia*. Nessa 'Cia.' vai toda a ênfase que se dá no filme à presença dos índios e aos grandes movimentos da história, o seu lado mais épico, de mais ação, que para nós, considerando que o veículo é o cinema, tinha de ser mais aproveitado do que no livro, que é sobretudo de reflexão e comentário. A reação do Gilberto foi muito boa. Ele não só aprovou o projeto como assinou o contrato de realização do filme, embora este não siga ao pé da letra o livro. Meu Pai tinha dado a maior força pra ele escrever *Casa Grande & Senzala*.[5] "Eu me interesso de um tempo para cá em coisas que aparentemente não dão um filme. É uma provocação que a gente se faz para cair num terreno cheio de obstáculos, mas divertido e criativo. Foi um pouco assim que fiz o Oswald. No tempo do Cinema Novo, fazíamos um cinema de caráter marcadamente político e de preocupação social muito grande. Pretendíamos ter nas mãos um instrumento, o cinema, capaz de modificar a situação política, econômica e social do país, ou pelo menos contribuir de maneira importante para isso, o que infelizmente não se verificou. Não estou mais interessado no cinema como instrumento, mas sim no cinema como objetivo. E, como Oswald, mais aberto, desarmado e solto na maneira de compor a conversa.

"O jornal francês *Libération* lançou uma edição especial com a resposta de 700 cineastas à pergunta 'Por que você faz cinema?'. Eu escrevi o seguinte:

> Para chatear os imbecis. Para não ser aplaudido depois de sequências dó de peito. Para viver à beira do abismo. Para correr o risco de ser desmascarado pelo grande público. Para que conhecidos e desconhecidos se deliciem. Para que os justos e os bons ganhem dinheiro, sobretudo eu mesmo. Porque de outro jeito a vida não vale a pena. Para ver e mostrar o nunca visto, o bem e o mal, o feio e o bonito. Porque vi *Simão do Deserto*. Para insultar os arrogantes e poderosos quando ficam como cachorros dentro d'água no escuro do cinema. Para ser lesado em meus direitos autorais."[6]

---

5 ANDRADE, Joaquim Pedro de. *Casa-Grande, Senzala & Cia.*, Ana Maria Galano (org.). Rio de Janeiro: Aeroplano, 2001, pp.252-261. (O cineasta morreu em 1988, antes de começar a filmagem).
6 Várias passagens destas "lembranças" do cineasta foram extraídas de entrevistas e textos incluídos no site sobre Joaquim Pedro de Andrade, feito pelos seus três filhos, Alice, Antonio e Maria de Andrade, e a produtora Filmes do Serro (http://www.filmesdoserro.com.br/jpa.asp). Mas a construção do monólogo interior é uma invenção.

CINEMA NOVO

O Cinema Novo brasileiro foi o primeiro movimento cinematográfico da América Latina, no sentido em que essa noção é empregada para os movimentos de vanguarda artística e intelectual, como o Modernismo brasileiro, durante todo o século XX. Foi mais do que um grupo ou uma geração, apesar de ter atuado às vezes como um grupo de pressão para impor no cenário nacional uma nova geração de cineastas. Tampouco foi uma escola artística, pois a pluralidade de personalidades, expressões, universos e estilos era uma das suas características fundamentais.

Como o Modernismo, o Cinema Novo foi um movimento coletivo, ao qual foram subordinadas as carreiras individuais dos realizadores, pelo menos na sua primeira fase. Em ambos, coexistia um projeto estético e um projeto ideológico. Porém, nenhum dos dois foi unanimista: entre 1922 e a década de sessenta, a experiência dos totalitarismos esvaziou a ilusão da unanimidade.

No Brasil, somente o manifesto de fundação da companhia Atlântida Cinematográfica (Rio de Janeiro, 1943) expressa uma ambição coletiva em certo modo comparável, logo diluída pelo sistema de produção em estúdio. O Cinema Novo surge liberado das fórmulas industriais devido ao fracasso das experiências dos anos 1950, notadamente a Companhia Vera Cruz em São Paulo. Tampouco se sente amarrado na discussão de uma ortodoxia estética, por mais inovadora que ela seja, como aconteceu com o neorrealismo italiano. Ao mesmo tempo, a dependência do cinema brasileiro em relação à produção importada afasta o Cinema Novo da falta de engajamento com a reforma das estruturas vigentes, como ocorreu com a Nouvelle Vague francesa.

Nelson Pereira dos Santos (1928) é um autêntico precursor do movimento, com *Rio, 40 graus* (1955) e *Rio, Zona Norte* (1957), porque articulou na sua proposta renovadora expressão e produção. Não é o caso de Alex Viany, prisioneiro de fórmulas estéticas a meio caminho entre o neorrealismo e o realismo socialista, bem como da filmagem em estúdio (*Agulha no palheiro*, 1953). Tanto Alberto Cavalcanti (em *O canto do mar*, 1954), como seu substituto Viany (no episódio brasileiro de *Die Windrose*, produção da Alemanha Oriental, 1956), pressentem e prefiguram o papel emblemático que adquirirá o Nordeste nas fitas do Cinema Novo. O epicentro do movimento, o seu foco de irradiação é o Rio de Janeiro. No entanto, o carioca Alex Viany (1918-1992) se aproximará da nova geração como crítico ou historiador[1] e não como realizador, ao contrário de Nelson Pereira dos Santos, paulista porém dez anos mais jovem.

O baiano Glauber Rocha (1939-1981) inventa uma tradição anterior que passa por Humberto Mauro e deixa injustamente de lado Mário Peixoto.[2] O Cinema Novo propõe uma ruptura com o passado – a chanchada é proclamada inimigo público número um apesar de estar moribunda – por um radicalismo típico dos anos sessenta, facilitado sem dúvida pela falta de continuidade característica da história do

---

1 José Carlos Avellar organizou uma coletânea póstuma: VIANY, Alex. *O processo do Cinema Novo*. Rio de Janeiro: Aeroplano, 1999. A crítica do crítico: AUTRAN, Arthur. *Alex Viany: crítico e historiador*. São Paulo: Perspectiva, 2003.
2 ROCHA, Glauber. Op.cit.

cinema brasileiro. Se em outras esferas havia oligarquias que era preciso derrotar, no campo cinematográfico o passado não pesava por excesso e sim por carência, e não requeria a morte do pai, mesmo simbólica.

Apesar da tentação glauberiana da tábula rasa, o Cinema Novo se inscreve explícita e abertamente na continuidade da literatura brasileira contemporânea, marcada pela refundação cultural do Modernismo. Para Glauber, a tradição fílmica nacional deve ser rejeitada (Vera Cruz e chanchada) ou reinventada (Mauro). Em compensação, a tradição literária é fonte inesgotável de estímulo e inspiração para os realizadores do Cinema Novo. A vocação de ruptura encarnada pela nova geração em termos sociais, econômicos, políticos e cinematográficos, tornava-se diálogo frutífero, respeitoso e até dócil com a literatura nacional.

Somente nas letras contemporâneas os cineastas de formação neorrealista (Nelson) ou vanguardista (Glauber) viam antecedentes válidos para o seu projeto radical de descolonização cultural (um termo inspirado pela sucessão de independências das antigas colônias francesas ou britânicas). Claro que as preferências de uns e outros por Mário de Andrade ou Graciliano Ramos, Oswald de Andrade ou José Lins do Rêgo, Lúcio Cardoso ou Jorge Amado, Gilberto Freyre ou Manuel Bandeira, Carlos Drummond de Andrade ou Nelson Rodrigues, sem falar em Machado de Assis, escondiam algo mais do que nuances estéticas ou diferenças de sensibilidade. Joaquim Pedro de Andrade sugeriu, talvez sem querer, as divergências entre Freyre e Bandeira no seu curta *O mestre de Apipucos e o poeta do Castelo* (1959), que precisou ser dividido em dois para não ferir as suscetibilidades do primeiro.

Uma visão menos catastrofista da evolução histórica percebe na súbita e espantosa eclosão do Cinema Novo um progressivo amadurecimento e varias confluências: as experiências neorrealistas de Nelson Pereira dos Santos e Roberto Santos (*O grande momento*, 1958); a consolidação de uma cultura cinematográfica e o auge do cineclubismo, disputado e polarizado por comunistas e católicos, com a consequente formação de um segmento do público com maior exigência e disponibilidade; a influência da crítica francesa e da sua "política dos autores"; a formação de um significativo número de profissionais nas escolas de cinema europeias, notadamente de Paris e Roma; o surgimento de novas tecnologias, com sua contribuição à renovação do documentário e à transformação da linguagem da ficção. Câmeras leves, gravador Nagra e película de alta sensibilidade, que dispensa potente iluminação artificial, são os pré-requisitos para a palavra de ordem glauberiana "uma ideia na cabeça e uma câmera na mão": impossível carregar nos ombros uma velha Mitchell!

Além disso, seria preciso agregar o peso decisivo de fatores extracinematográficos, que fundamentariam a convicção de Paulo Emilio Salles Gomes de que "o cinema brasileiro não possui força própria para escapar ao subdesenvolvimento".[3] Do ponto de vista econômico, o Cinema Novo é o resultado da euforia desenvolvimentista e da política de substituição de importações promovida pela CEPAL.[4] Do ponto de vista acadêmico, quase todos os seus integrantes cursaram o ensino superior, mesmo que nem todos tenham chegado a obter o diploma universitário. Do ponto de vista social, o Cinema Novo é um subproduto do movimento estudantil e do Centro Popular de Cultura (CPC), o que lhe confere uma perfeita sintonia com a efervescência intelectual do momento, com ênfase na música, o teatro, a literatura, as artes plásticas, a arquitetura.

O Cinema Novo está sintonizado com a Bossa Nova e a construção de Brasília, consagração da renovação arquitetônica modernista iniciada com o edifício do Ministério da Educação no Rio. A integração do cinema com as demais expressões da cultura brasileira moderna nunca tinha sido tão íntima, sem por isso provocar desequilíbrios: basta comparar

---

3 SALLES GOMES, Paulo Emilio. "Trajetória no subdesenvolvimento". In: *Argumento*, n° 1, Rio de Janeiro: Paz e Terra, outubro de 1973 (várias reedições em livro na mesma editora).
4 A Comissão Econômica para a América Latina (CEPAL) é um órgão das Nações Unidas criado em 1948, com sede em Santiago do Chile, cujos estudos favoreceram o desenvolvimentismo. Suas principais figuras foram o argentino Raul Prebisch e o brasileiro Celso Furtado.

com a ausência do cinema na programação da Semana de Arte Moderna de 1922 e, pelo contrário, a dependência da Vera Cruz em relação aos quadros do Teatro Brasileiro de Comédia (TBC).

A filiação entre o Modernismo literário e o Cinema Novo tem seu melhor representante no realizador Joaquim Pedro de Andrade (1932-1988). A dívida com o romance social e o Modernismo regionalista está presente nas adaptações de Nelson Pereira dos Santos e Walter Lima Jr. (1938); a invenção de linguagem de João Guimarães Rosa, em Glauber Rocha; a influência do pensamento antropológico e sociológico, em Carlos Diegues (1940).

O núcleo inicial inclui ainda Leon Hirszman (1937--1987), Paulo César Saraceni (1933-2012), Mário Carneiro (1930-2007), Ruy Guerra (1931), Gustavo Dahl (1938-2011), Luiz Carlos Barreto (1928), Eduardo Coutinho (1933-2014), David Neves (1938-1994). Um segundo círculo abrangeria Luiz Sérgio Person (1936-1976), Arnaldo Jabor (1940), Paulo Gil Soares (1935-2000), Geraldo Sarno (1938), Eduardo Escorel (1945), Maurice Capovilla (1936) e até mesmo Roberto Pires (1934-2001) ou Roberto Farias (1932).

Apesar de antecedentes como os documentários da Paraíba e sobretudo o surto de longas-metragens de ficção da Bahia, o impulso da renovação parte do Rio de Janeiro, principal base do Cinema Novo, com algumas expressões em São Paulo (como a notável série de documentários produzidos por Thomaz Farkas). A rivalidade entre as duas metrópoles do Sul é menor do que a distância entre as gerações, que afasta o autodidata Anselmo Duarte (1920--2009), oriundo da Atlântida e da Vera Cruz.

O mimetismo até então predominante é substituído pela ambição de uma descolonização da linguagem fílmica, uma espécie de não alinhamento estético ("nem Hollywood, nem Mosfilm"). Tal ambição corresponde à preocupação de poetas, escritores e artistas modernistas com a língua, as cores e as formas brasileiras. O "específico fílmico", o ideal de um "cinema puro" de gerações anteriores, desemboca na procura de uma linguagem nacional, embasada nas tentativas vanguardistas nas letras, na música, nas artes plásticas e na arte dramática. Afastada de qualquer nacionalismo xenófobo, a dependência exclusiva em relação a um centro hegemônico é contra-arrestada pelo diálogo eclético com outros polos, sobretudo na Europa, mas também com o Japão (a importante colônia nipônica estabelecida em São Paulo favoreceu um bom conhecimento do cinema japonês).

O nacionalismo cinemanovista não é incompatível com o diálogo e a procura de alianças com os novos cinemas dos anos sessenta, da mesma maneira que os modernistas estiveram perfeitamente ligados com as vanguardas europeias da década de 1920. Heitor Villa-Lobos deslanchou sua carreira em Paris, Oswald de Andrade descobriu o Brasil da Place Clichy, "o umbigo do mundo", conforme disse Paulo Prado, o mecenas da Semana de 1922. Em compensação, Mário de Andrade cruzou o Equador somente por terra, na modesta condição de "turista aprendiz". Outros tempos, outros recursos: os jovens cineastas cruzam o Atlântico, buscam apoio, formação e alimento espiritual na Europa (alguns também nos Estados Unidos), com uma frequência inusitada para os poetas, pintores ou compositores do Modernismo que viajavam por mar.

A "atualização" da cultura brasileira é uma preocupação comum a modernistas e cinemanovistas, desde que sejam preservadas a originalidade e a identidade. Mário de Andrade rejeita a paternidade do Futurismo, assim como o Cinema Novo recusa ser a versão brasileira da Nouvelle Vague. Como os cineastas, Mário admite com naturalidade as diversas influências estrangeiras na música brasileira. Sua valorização do folclore é o equivalente do primitivismo na arte moderna da Europa, com a vantagem de ser "nosso", de não ser importado.

Deus e o diabo na terra do sol (Glauber Rocha, 1963) é um bom exemplo dessa vontade de renovação, enraizada em tradições populares e aberta a diversas influências internacionais, integradas dialeticamente. Em pano de fundo, o sertão e o sertanejo de Euclides da Cunha. A evocação da guerra de Canudos é inspirada pela rigorosa montagem de Eisenstein, explicitamente citado. Como Mário de Andrade,

Glauber está sintonizado com o folclore. A literatura de cordel e a tradição oral nutrem a narrativa fílmica. O clarividente narrador é o Cego Júlio, um cantador e violeiro que percorre o sertão. Conforme ele diz, é tudo verdade e imaginação. E "o povo não tem culpa!" Na descrição do contexto social e da personagem feminina, há reminiscências de Visconti. A épica do cangaço é estilizada à maneira do *western* e do filme de samurais. A dramaturgia remete ao distanciamento de Brecht ou à introspecção psicológica de Stanislavski, dependendo dos personagens e das sequências.

A alternância entre o lirismo das *Bachianas Brasileiras* de Heitor Villa-Lobos e a simplicidade das melodias nordestinas dá ao conjunto a complexidade de uma ópera, obra total, recitativa e cantante, regional e universal no que diz respeito aos dilemas do subdesenvolvimento. Por sinal, Glauber contribuiu para a revalorização de Villa-Lobos, o principal arauto do Modernismo musical. O mérito do cineasta foi conseguir amalgamar seus diversos ingredientes numa obra original e pessoal, como Guimarães Rosa, inventor da sua própria língua. Glauber provou que essa démarche não era adaptada apenas às situações arcaicas, mas também à descrição de dilemas contemporâneos no seu filme *Terra em transe* (1967), onde disseca a demagogia do populismo, a tentação messiânica da guerrilha, as contradições das elites e o desconcerto dos intelectuais, contribuindo assim para o debate nacional do momento, com uma agudeza e lucidez raras no cinema.

Talvez a moda de Villa-Lobos possa ser explicada pela vontade de reelaborar inteiramente a herança europeia, à maneira das *Bachianas Brasileiras*, que "nacionalizaram" as melhores expressões do barroco musical. No Cinema Novo, a autenticidade não é mais uma questão reduzida à escolha de uma temática brasileira e de personagens locais (conforme dizia Nelson Pereira dos Santos na década de 1950). Até então, o divórcio persistente entre forma e conteúdo, entre técnica e linguagem, condenava os cineastas a tentarem enquadrar a realidade em modelos cinematográficos pré-estabelecidos e imutáveis. Agora, ninguém separa mais expressão e produção: a falência dos projetos industriais reabilita a opção artesanal

Othon Bastos é o rosto de *Deus e o diabo na terra do sol*, filme de 1963: debate nacional com lucidez e agudeza.

dos pioneiros do período silencioso. A espontaneidade procurada pela chanchada adquire uma nova dimensão com o som direto: ficção e documentário se contaminam mutuamente.

Com a perspectiva histórica, o Cinema Novo constitui um divisor de águas tão radical quanto o advento do cinema falado: existe um antes e um depois no cinema brasileiro. A renovação dos quadros da produção nacional durante a década de 1960 ultrapassa as fronteiras de qualquer grupo. Raríssimos diretores do período anterior conseguem se manter em atividade na década seguinte (Walter Hugo Khouri, J. B. Tanko, Carlos Coimbra, o argentino Carlos Hugo Christensen), outros contam apenas com uma atuação episódica.

Em compensação, os cineastas confirmados nos anos sessenta prosseguem sua carreira depois, tanto aqueles ligados ao Cinema Novo, como aqueles que escolheram caminhos individuais. Mais importante ainda, a renovação continuada nas décadas de 1970 e 1980 desmente qualquer dominação da produção e da Embrafilme pelos "cardeais" do Cinema Novo. Mesmo sem dispor de mecanismos legais adequados para facilitar o acesso à direção de um primeiro longa-metragem, 30% da produção dos anos oitenta está nas mãos de realizadores estreantes.[5] Essa abertura, num clima de diversidade expressiva, é uma conquista dos anos sessenta comprovada várias décadas depois, apesar do hiato provocado pelo desmantelamento das estruturas e instituições federais da cultura no governo de Fernando Collor de Mello (1990).

---

5 GARCIA, Jorge Edson. *Catálogo de cineastas brasileiros estreantes em longas-metragens na década de 80*. Rio de Janeiro: Funarte, 1994.

TRADIÇÃO DE RUPTURA

Antigamente, o cinema brasileiro devia respeitar os parâmetros dos modelos dominantes e as convenções dos gêneros vigentes. Em compensação, o Cinema Novo foi carioca e paulista, mineiro e nordestino, épico e intimista, realista e alegórico, branco e mulato, índio e algumas vezes negro, literário e musical, teatral e poético, pessimista e eufórico, trágico e cômico com uma pitada de melodrama, engajado e alienado, totalizante e parcial, crítico e contemplativo, messiânico e agnóstico, fatalista e ingênuo, sutil e histérico, apocalíptico e integrado, revolucionário e reformista, cínico e utópico, elitista e populista, saudosista e profético, nacionalista e cosmopolita, desesperado e orgiástico, machista e feminino, dionisíaco e reprimido, local e universal.

Nenhuma figura resume todo o Cinema Novo, nem sequer Glauber Rocha, seu maior agitador, porta-voz e articulador. O cineasta baiano reparte tarefas e projetos aos amigos, como se pretendesse fazer o mapeamento cinematográfico do Brasil (assim como Mário de Andrade na sua época).

Os próprios realizadores eram personalidades criativas em movimento, sempre à procura de novos desafios temáticos e estilísticos. Cada filme era com frequência a negação do anterior: a ausência de dogmatismo e preconceitos estéticos parecia absoluta.

Detectar os primeiros passos do Cinema Novo é mais fácil do que determinar o fim do movimento. Os curtas-metragens *Arraial do Cabo* (Paulo César Saraceni e Mário Carneiro, 1959) e *Couro de gato* (Joaquim Pedro de Andrade, 1960) são quase contemporâneos do surto baiano, que obtém o primeiro impacto internacional com *Barravento* (1960-61), cuja gestação confusa passa das mãos de Luiz Paulino dos Santos às do produtor Glauber Rocha.

A militante *Cinco vezes favela*, produzida pelo Centro Popular de Cultura (CPC) da União Nacional dos Estudantes (UNE), a escandalosa *Os cafajestes* (Ruy Guerra), a sombria *Porto das Caixas* (Saraceni), além da Palma de Ouro recebida por *O pagador de promessas* (Anselmo Duarte), fazem de 1962 um ano fundamental pela repercussão nacional e o reconhecimento europeu (na hora de capitalizar o prestígio do festival de Cannes, o Brasil está acima do Cinema Novo).

O movimento brasileiro está sintonizado também com o que ocorre no resto do mundo: a crise do sistema de estúdios e do cinema de gêneros precipita a implosão dos códigos narrativos acadêmicos. As experimentações de linguagem privilegiam a *mise-en-scène* como instância fundamental e o realizador como figura principal do processo de criação. Com o questionamento dos polos de produção tradicionais, os festivais, a crítica, o público dos cinemas de arte, redirecionam sua atenção para os filmes que provêm da periferia. O Terceiro Mundo conhece os seus quinze minutos de glória (no caso, quinze anos).

Porém, mesmo no contexto de radicalização nacionalista, populista e revolucionária dos anos sessenta, o Cinema Novo se afasta dos esquemas militantes propiciados pelo CPC ou por Cuba. Enquanto o cubano Julio García Espinosa defende um "cine imperfecto" (1969) tão impregnado de considerações ideológicas quanto o "tercer cine" dos peronistas

Fernando Solanas e Octavio Getino (1969), Glauber Rocha passa da "estética da fome" (1965) à "estética do sonho" (1971) sem ter renunciado nem à palavra nem à prioridade estética nos seus dois manifestos. Da mesma maneira que Mário de Andrade promovia uma "música artística".[1] Para ambos movimentos de renovação, a estética deve estar de mãos dadas com a ética.

Esses textos emblemáticos do Cinema Novo lembram o manifesto da revista *Klaxon* ou o Manifesto Antropófago, pela sua ausência de ambição normativa. Não é o caso de todas as vanguardas, pelo contrário. Os manifestos do Futurismo, do Dadaísmo, do Surrealismo, do Letrismo, estabelecem novas normas ao mesmo tempo em que condenam os preceitos acadêmicos. O Modernismo brasileiro é uma ruptura com o parnasianismo, mas aqueles que pretendiam criar novos dogmas propiciam de fato desvios ou cisões, sem conseguir monopolizar o movimento ou comprometer sua institucionalização e transmissão.

O amadurecimento chega cedo, no surpreendente lapso de três anos. Em 1963, na véspera do golpe militar, é filmada uma virtual trilogia sobre o Nordeste: *Vidas secas* (Nelson Pereira dos Santos, baseado em Graciliano Ramos), o mencionado *Deus e o diabo na terra do sol* (Glauber) e *Os fuzis* (Ruy Guerra). A primeira fase do Cinema Novo foi predominantemente rural, inspirada pela prioridade social do momento, a reforma agrária. O Brasil do interior era visto como reserva de identidade para jovens cineastas à procura de raízes. Mário de Andrade também tinha privilegiado o folclore rural em lugar da música urbana. Se o projeto modernista era mais nacional do que social, o Cinema Novo inverte a prioridade, sem renunciar ao nacionalismo.

O amadurecimento não significa somente a criação de novas formas, mas a inserção positiva dessas obras no campo cultural e na conjuntura histórica, com discurso e propostas próprias, com capacidade de diálogo e ressonância

---

1 NAVES, Santuza Cambraia. *O Brasil em uníssono e leituras sobre música e Modernismo*. Rio de Janeiro: Casa da Palavra e PUC-Rio, 2013, pp.40-43.

com outras expressões artísticas. Basta comparar com o prazo de oito anos que foram precisos para que o cinema cubano pós-revolucionário atingisse o mesmo nível, com fitas como *Memorias del subdesarrollo* (Tomás Gutiérrez Alea, 1968) e *Lucia* (Humberto Solás, 1968). Com a diferença de que os realizadores cubanos estavam teoricamente "no poder", ou pelo menos contavam com o apoio total de uma instituição do Estado, enquanto os brasileiros estavam sentados em cima de um vulcão, antes de passarem todos para a oposição aos militares.

Apesar da interrupção da filmagem de *Cabra marcado para morrer* (de Eduardo Coutinho), o Cinema Novo conseguiu vencer os obstáculos do novo contexto autoritário com tato político e audácia expressiva. Na verdade, a censura e a repressão atingem o auge depois de 1968, quando o Cinema Novo se desloca para o Tropicalismo ou o exílio.

Logo depois do golpe de 1964, quando o teatro perpetua um clima de exaltação, os cineastas dão uma guinada urbana e começam uma reflexão autocrítica sobre o fracasso do populismo nacionalista e os impasses da luta armada (de *O desafio* de Saraceni, 1965, a *Terra em transe* de Glauber, 1967). Depois, o Cinema Novo soma forças à vanguarda musical e teatral do Tropicalismo, produzindo reformulações ou representações conflitantes da história e da identidade nacional (*Macunaíma*, Joaquim Pedro de Andrade, 1969; *Os herdeiros*, Carlos Diegues, 1969; *Azyllo muito louco*, Nelson Pereira dos Santos, 1969; *Pindorama*, Arnaldo Jabor, 1970).

Em pleno ufanismo repressivo e econômico (o "Brasil Grande"), os protagonistas do Cinema Novo propiciam uma revisão do indianismo romântico (*Como era gostoso o meu francês*, Nelson, 1971; *Uirá, um índio em busca de Deus*, Gustavo Dahl, 1974), dos mitos patrióticos (*Os Inconfidentes*, Joaquim Pedro, 1972) e da tradição rural e patriarcal (*A casa assassinada*, Saraceni, 1971, baseado em Lúcio Cardoso; *São Bernardo*, Leon Hirszman, 1971, baseado em Graciliano).

A novíssima geração, o chamado *udigrudi* ou Cinema Marginal, acelera a virada da década de sessenta para os anos setenta, bem como o questionamento e deslocamento do Cinema Novo. Presa de uma virulência ou desespero incontíveis, os novíssimos trocam o diálogo com a geração anterior pela imprecação e o solilóquio. O recurso à alegoria perde a dimensão totalizante em função de uma fragmentação crescente. Consuma-se assim o divórcio entre a vanguarda experimental e o público (mesmo minoritário), que o Cinema Novo pretendia superar e que somente a música popular brasileira soube evitar.

O Cinema Novo e o movimento modernista tiveram uma existência relativamente curta, que não excluiu desdobramentos ulteriores. Ambos foram autênticas revoluções culturais, que abalaram para sempre os alicerces até então existentes nos seus campos respectivos. Ambos sofreram depois uma metamorfose, em detrimento dos seus aspectos mais radicais, mais vanguardistas. Muitos modernistas entraram para a Academia Brasileira de Letras: Guilherme de Almeida, Menotti del Picchia, Cassiano Ricardo e até Manuel Bandeira.

Voluntária ou forçada, a geração cinemanovista, como antes a modernista, precisou encarar a institucionalização, a regulamentação da distribuição, da produção e da exibição, num contexto de modernização conservadora e autoritária. No caso do cinema, a distinção entre a geração dos fundadores e a dos institucionalizadores é menos nítida. Cineastas como Roberto Farias, Gustavo Dahl e Eduardo Escorel, convivem na cúpula da Embrafilme com discípulos de Paulo Emilio Salles Gomes, como Carlos Augusto Calil e Ismail Xavier (Gustavo Dahl, autor do slogan "Mercado é cultura", era ambas as coisas).

Na medida em que os diretores do Cinema Novo prosseguiram sua obra, a implosão do grupo não esgota a questão da continuidade ou não do movimento. Pelo mesmo motivo, a filmografia cinemanovista é problemática, dependendo da inclusão ou não do conjunto de fitas realizadas pelos seus representantes, dentro e fora da prodigiosa década de sessenta. Pela primeira vez na história do cinema brasileiro, tudo se transforma em lugar de terminar pura e simplesmente, como ocorria na anterior sucessão de ciclos descontínuos.

O Cinema Novo revitaliza a tal ponto o panorama, suscita tantas vocações nas diversas áreas da profissão, que se converte em ponto de partida de uma autêntica tradição. Glauber Rocha tinha proclamado uma tradição puramente imaginária ao reconstruir à sua maneira o passado do cinema nacional. Não importa que a pesquisa, a historiografia ou novas interpretações desmintam sua visão crítica do cinema brasileiro. Sem o marco de legitimação cultural representado pelo Cinema Novo, o passado teria desaparecido completamente, sumido na indiferença geral que sempre rodeou as Cinematecas, enterrado no esquecimento reservado pela volúvel consciência nacional aos fracassos ou frustrações e às breves exaltações. A única referência em matéria audiovisual seria a televisão, efêmera por essência.

A introdução do cinema na Universidade e sua integração ao pensamento acadêmico revelam também o impacto da década de sessenta, com a liderança esclarecida de Paulo Emilio e uma série de ensaístas iniciada por Jean-Claude Bernardet,[2] mais dedicados ao cinema nacional do que à especulação teórica abstrata.

Apesar da sua pretensão a uma ruptura radical, o Cinema Novo deu consistência à tradição fílmica local. A preeminência do diretor como motor dos projetos, a própria inexistência de um sistema de produção em série e uniformizado, conferem ao impulso iniciado nos sessenta um caráter voluntarista. Depois de tanta discussão política e econômica, ficou demonstrado que o cinema é também uma questão de desejo.

Em 2006, Nelson Pereira dos Santos foi o primeiro cineasta eleito para a Academia Brasileira de Letras (René Clair tinha entrado para a Academia Francesa em 1960). A moderna tradição do cinema brasileiro conta agora com uma referência incômoda e paradoxal. Incômoda porque não se presta a uma domesticação ou catalogação simplista, porque

---

2 BERNARDET, Jean-Claude. *Brasil em tempo de cinema: Ensaio sobre o cinema brasileiro de 1958 a 1966*. Rio de Janeiro: Civilização Brasileira, 1967, 184 p. (Várias reedições).

revela uma fértil intertextualidade com a cultura brasileira viva, porque implica um diálogo inevitável para aqueles que pretendam situar-se na sua continuidade. Foi assim, apesar do golpe de misericórdia da extinção da Embrafilme e todo o sistema de produção vigente no início dos noventa. Paradoxal, porque essa tradição remete à renovação, não a uma simples imitação ou repetição. A "retomada" da produção teve como expressões paradigmáticas diversas formas de diálogo com o Cinema Novo, desde as variações musicais, icônicas e irônicas sobre os cangaceiros de *Baile perfumado* (Paulo Caldas e Lírio Ferreira, 1997), até a respeitosa homenagem de *Central do Brasil* (Walter Salles, 1998), que começa na estação de *Rio, Zona Norte* e culmina no Nordeste emblemático da trilogia filmada na véspera do golpe de 1964. E no documentário, a personalidade mais instigante dos anos de volta à democracia foi Eduardo Coutinho, depois que completou *Cabra marcado para morrer* (1984). A diversidade do cinema brasileiro encontra suas raízes no pluralismo dos sessenta.

FAMÍLIA MODERNISTA

O entrelaçamento entre o Modernismo e o cinema brasileiro foi uma questão de transmissão, mas também de filiação. Além dos desdobramentos institucionais e das leituras, funcionaram os mecanismos afetivos e intelectuais da "família modernista", uma noção que não se refere apenas às afinidades eletivas, mas também aos laços familiares no sentido literal.

Joaquim Pedro de Andrade e Eduardo Escorel, duas figuras do Cinema Novo muito envolvidas com o Modernismo, estavam profundamente enraizados na arborescência da Semana de Arte Moderna de 1922. Ambos tinham uma filiação direta com a segunda geração modernista, a dos institucionalizadores. Joaquim Pedro é filho de Rodrigo Mello Franco de Andrade, o criador do Serviço do Patrimônio Histórico e Artístico Nacional (SPHAN), e afilhado de Manuel Bandeira, sujeito e objeto do seu primeiro curta-metragem. Amigo de Carlos Drummond de Andrade, Dr. Rodrigo trabalhou com Mário de Andrade, ambos se escreveram durante quase dez anos. O mentor de Joaquim Pedro em matéria de cinema foi Plínio Sussekind Rocha, que tinha sido também o mestre de Paulo Emilio Salles Gomes.

Eduardo Escorel é filho de dois jovens que gravitaram no grupo *Clima*, Lauro Escorel, colaborador da revista, e Sarah Lifschitz.[1] Eduardo casou com Ana Luiza, filha de Gilda de Mello e Souza (prima de Mário de Andrade) e de Antonio Candido (ambos do núcleo fundador de *Clima*). Tanto por filiação como por aliança, Escorel é portanto um herdeiro da segunda geração modernista. No seu caso, como no de Joaquim Pedro, o contato com a Semana de 1922 não é apenas o resultado de um esforço pessoal de conhecimento, mas também de uma transmissão natural no círculo familiar.

A amizade e a colaboração entre estes dois cinemanovistas reforçaram a conexão modernista. Escorel foi o montador de *Macunaíma* e vários outros filmes de Joaquim Pedro. A veneração por Mário de Andrade era compartilhada por ambos. Escorel adaptou para o cinema *Amar, verbo intransitivo*, outro romance de Mário (1927), e o dirigiu com o título de *Lição de amor* (1976). Anos depois, conforme vimos, escreveu sobre o pendor cinematográfico de Mário. Porém,

Joaquim Pedro de Andrade: heranças.

---

[1] Grafia confirmada por Eduardo Escorel, que difere daquelas do livro citado de Heloísa Pontes.

a devoção de Joaquim Pedro se transferiu para Oswald de Andrade, que virou o pivô de uma originalíssima e inédita encenação da família modernista, O Homem do Pau-Brasil (1981), que acabou ficando como o testamento do cineasta.

Escorel escreveu também uma elegia do "mestre e amigo" Joaquim, onde consagra quatro páginas elegantes e sutis às filigranas da sua relação com o pai, Rodrigo Mello Franco de Andrade. No "tratamento afetuoso" dispensado a Gilberto Freyre e Manuel Bandeira no curta-metragem O mestre de Apipucos e o poeta do Castelo (1959), Escorel percebe "uma certa reverência filial" do cineasta estreante. Essa atitude deve ter sido "motivo de orgulho para o pai do diretor".

No entanto, Joaquim passa da "reverência diante da fonte de inspiração" para "uma postura mais irreverente", que "faria da adaptação literária não uma transposição fiel ao original mas uma reelaboração crítica". Talvez isso "tenha levado Dr. Rodrigo a sair da primeira exibição do filme [O Padre e a Moça] com uma expressão de desalento".

Em maio de 1969, "a morte do Dr. Rodrigo antes de Macunaíma ser concluído, depois de ter acompanhado de perto a feitura do roteiro, frustrou a oportunidade que se anunciava para uma reconciliação entre o cinema do filho e o gosto do pai. A partir de então, Joaquim parece ter procurado se livrar de qualquer temor reverencial diante dos seus temas, chegando a cultuar uma iconoclastia desabrida que levou às últimas consequências em O Homem do Pau-Brasil".

Para Escorel, Os Inconfidentes (1972), filmada em Ouro Preto, "por cuja preservação Dr. Rodrigo empenhou a sua vida", é um filme de despedida: "Ele ainda guarda uma relação estreita com a figura do seu pai, mas Joaquim já está livre de algumas amarras que inibiam a liberação da sua imaginação criadora". Completa a análise uma sugestiva interpretação iconográfica da dedicatória no final dos créditos, "A Rodrigo M. F. de Andrade, com muito amor".[2]

---

2 ESCOREL, Eduardo."Viva Joaquim Pedro". Op.cit., pp.58-94.

Ao examinar com tanta atenção a relação entre a figura paterna e os filmes de Joaquim Pedro, Escorel sugere como a família modernista podia ser ao mesmo tempo fonte inesgotável de inspiração ou admiração e um fator de inibição – como a batina negra do *Padre e a Moça*, símbolo de ideologias repressivas. O Modernismo, institucionalizado, integrado à Universidade e à Academia Brasileira de Letras, encarnava uma nova tradição, era até sinônimo de patrimônio. E durante trinta anos, em casa de Joaquim Pedro e no país inteiro, o patrimônio histórico e artístico nacional esteve encarnado na respeitada figura do Dr. Rodrigo. Aliás, a etimologia de "patrimônio" também remete ao pai e à herança familiar.

A Semana de 1922 tinha virado o marco zero da independência cultural, assim como o 7 de setembro era a data da independência política. Gestos de fundação não se discutem, se comemoram. Os arroubos de ruptura e revolução ficaram para trás, na longínqua década de 1920. Os modernistas da primeira geração tinham desaparecido ou envelhecido. Os da segunda geração administravam o saber adquirido com reverência. Muitos dispensavam uma visão contemplativa da contemporaneidade, alguns eram francamente conservadores, enquanto a juventude da década de 1960 enfrentava novos desafios revolucionários.

A transmissão didática ou familiar tem suas armadilhas. A fidelidade ao legado pode inibir a criação. A lealdade aos mais velhos pode coibir o amadurecimento dos novos. Toda história oficial é uma construção e a memória é feita de esquecimentos. A repetição é impossível, a identidade é uma ilusão. A filiação é um incentivo ambivalente, pois exige autonomia, afirmação, diferenciação. A transmissão implica renovação, interpretação, invenção. É o que prevalece na relação filial e criativa entre Modernismo e Cinema Novo.

Assim, *Amar, verbo intransitivo* foi considerado expressionista e cinematográfico, devido à sua narrativa fragmentada, em sequências muito livres, de duração e intensidade diversa. *Lição de amor* concentra o foco na educação sentimental de um adolescente paulistano de família abastada, cujo pai contratou uma governanta alemã para sua iniciação sexual.

Como é inevitável, a adaptação de Escorel e Eduardo Coutinho, digna do romance, deixa de lado algumas passagens saborosas. Por exemplo, uma atribulada viagem da família em trem, talvez por dificuldades de produção.

No livro, a presença da Fräulein justifica uma série de considerações sobre as diferenças entre imigrantes e brasileiros, que expressa o interesse modernista pela identidade nacional. São Paulo aparece como um coquetel de italianos, portugueses, japoneses, alemães, libaneses, belgas, suíços, poloneses, russos ("brasileiro só serve para empregado-público"). O romance é também autorreflexivo, com constantes intervenções do narrador, que nem sequer se dá ao trabalho de explicar sua existência textual. Estes dois aspectos, que ressaltam a modernidade da obra, praticamente desapareceram no filme.

Em *Lição de amor*, a contemporaneidade da narrativa de Mário se transforma numa preciosa reconstituição de época, um passado pretérito que suscita no espectador um imperceptível distanciamento. Mesmo perfeitamente situado do ponto de vista social, o filme privilegia assim a escabrosa equação psicológica e familiar, exposta com sobriedade e pudor. A inspiração encontrada na família modernista desemboca pois no questionamento da família patriarcal, célula de base da sociedade brasileira.

Escorel parece ter escolhido assim um caminho paradoxal para destrinchar dilemas morais e sexuais, numa época, a década de 1970, marcada pela libertação dos costumes. O próprio título escolhido sublinha o contraste conflitante entre *Lição de amor* e a produção comercial então em voga, a pornochanchada, que refletia (muito mal) certo recuo do moralismo católico, sem redução dos preconceitos machistas.[3]

---

3 Escorel e Coutinho não conheciam uma adaptação anterior, escrita por Paulo Emilio Salles Gomes a pedido do realizador Antonio Carlos Fontoura, cuja musa, Odete Lara, devia interpretar a Fräulein. Outro ponto de vista sobre *Lição de amor*: "Há uma gota de literatura em cada cinema", AVELLAR, José Carlos. *O cinema dilacerado*. Rio de Janeiro: Alhambra, 1986, pp.207-237.

MACUNAÍMA

Em *Macunaíma*, Joaquim Pedro de Andrade fez a opção inversa daquela do amigo Eduardo Escorel em *Lição de amor*, ao trazer o "herói sem nenhum caráter" para o universo de 1968, ano da filmagem. Naquela ocasião, na França, no Brasil, no México, os movimentos estudantis reabilitaram as utopias, fizeram da juventude o novo sujeito da história. A adaptação da "rapsódia" de Mário de Andrade adquiriu uma dimensão política que o original de 1928 não tinha.

O filme simplifica o enredo, ensombrece a índole do protagonista (interpretado sucessivamente por Grande Otelo e Paulo José), substitui o mundo mágico do romance por uma mistura de fantasia e realismo: o gigante Venceslau Pietro Pietra (Jardel Filho), *self-made man* típico da burguesia ítalo--brasileira, é apresentado primeiro numa paisagem industrial, rodeado de repórteres, e depois na sua delirante mansão de sobrecarregado mau-gosto.

A primeira parte do filme parece situada num espaço intemporal. Somente um espectador muito detalhista percebe que a indumentária da jovem Sofará (Joana Fomm) foi feita com retalhos de sacos com a marca da US Aid. Esse tempo indeterminado torna a irrupção da contemporaneidade mais surpreendente, quando Macunaíma e os dois irmãos viajam do fundo da mata virgem para a selva de pedra. A passagem abrupta de uma canoa para um caminhão cheio de paus-de-arara é a primeira chamada sociológica, que destoa com a narrativa anterior. A paisagem suburbana, os outdoors e as ruas do centro da cidade repletas de gente despejam qualquer dúvida: os personagens descobrem o mundo compartilhado pelo público que assistia ao filme durante o seu lançamento (1969).

Para marcar a diferença entre os dois universos, o da mata virgem e o da cidade, o herói entra num compasso de reflexão até perceber a novidade: ali, as máquinas eram os homens e os homens eram as máquinas. Não existe deslumbramento com o maquinismo, como na época dos futuristas e modernistas, apenas perplexidade. O mundo é outro, a agitação urbana, o consumo, a indústria cultural, mudaram de patamar. O filme desmistifica tanto o primitivismo quanto o Futurismo, duas fontes do Modernismo.

A segunda irrupção do contemporâneo é mais brutal ainda, pois se trata da aparição de Ci, a Amazona transformada em guerrilheira urbana (Dina Sfat). Sua estonteante entrada em cena é sublinhada pela voz de Roberto Carlos exaltando a "Garota papo firme". Depois de arrasar com os policiais que a perseguiam, ela encontra Macunaíma numa sequência de *mise-en-scène* antológica, pela utilização dos elevadores de uma garagem em constante movimento. Naquele edifício deserto, desumanizado, o faro e as artimanhas do herói não ajudam e ele acaba dominado pela fêmea, que o transforma em homem-objeto sexual, à sua inteira disposição. A inversão dos papéis encerra uma crítica irônica do machismo e do feminismo.

A presença da guerrilha urbana, absolutamente atual durante a filmagem, a apresentação à censura e a distribuição do filme, era uma aposta arriscada. Ernesto Che Guevara tinha sido executado na Bolívia em outubro de 1967. No Brasil, os partidários da luta armada contra a ditadura militar continuavam ativos nas cidades e no campo. Em *Macunaíma*, Ci e o filho que ela teve do herói morrem vítimas da bomba-relógio que ela mesma fabricou. Fica difícil interpretar esse desenlace como complacência ou ambiguidade face ao terrorismo. Ci não parece uma idealização feminina do "guerrilheiro heroico". Depois de curtir a fossa e viver sem rumo, na pachorra de antes, Macunaíma assume finalmente uma missão digna de um herói: tirar do gigante o muiraquitã, o amuleto da boa sorte que não salvou Ci. Venceslau Pietro Pietra torna-se assim o mau da fita. O duelo vai ter vários rounds. Um deles é o da sedução, com Macunaíma travestido em francesa (com acompanhamento de tango e "chanson française"). Outro acontece em ausência do malvado e acaba com a captura do herói pela mulher e as filhas do Venceslau. O lance decisivo e final tem como cenário a monumental feijoada onde os convivas que perdem no jogo do bicho vão engrossar o caldo (em lugar da macarronada imaginada por Mário de Andrade).

As sequências urbanas retomam, portanto, a dimensão mitológica do início, mesmo temperadas com pitadas de realismo ou naturalismo. Uma segunda referência à ditadura militar advém durante o passeio dos três irmãos numa praça pública. Um pregador repete chavões da época que lembram as Marchas com Deus pela família... e a propriedade privada. Ora, Macunaíma resolve contradizer o discursante, com argumentos igualmente passadistas sobre as doenças da lavoura e a famosa fórmula: "Os males do Brasil são muita saúva e pouca saúde". É suficiente para ser chamado de "subversivo" e "comunista".

A vitória do herói sobre o gigante não é o esperado *happy end*. Os três irmãos voltam para a sua antiga querência, carregados de eletrodomésticos, inúteis na maloca transformada em ruína. Macunaíma regressa como um brega americanizado, com chapéu e casaco de caubói e guitarra elétrica, mas a saudade de Ci precipita sua decadência e sua solidão. Desdentado, contando suas velhas glórias para um papagaio, ele acaba devorado, em lugar de virar uma constelação no céu do Brasil, como o herói de Mário de Andrade. O sangue que se mistura ao seu casaco verde-oliva, com a marcha épica e patriótica de Heitor Villa-Lobos como pano de fundo, remetem ainda ao regime militar.

Até então, a música do principal compositor modernista tinha sido usada pela sua grandiosidade e lirismo, para conferir uma dimensão operística a *Deus e o diabo na terra do sol* ou *Terra em transe* de Glauber Rocha. Ora, Joaquim Pedro critica como quem não quer nada a monumentalidade nacionalista do músico getulista.

O Macunaíma do filme não é um arquétipo do brasileiro à procura da sua identidade, como o do romance de 1928, é uma alegoria do Brasil de 1968, às voltas com seus arcaísmos e suas pulsões de modernidade. Tudo é excessivo, tudo é superficial, como a profusão psicodélica de cores, graças ao trabalho combinado do fotógrafo, o figurinista e o decorador, sintonizados com a cultura pop internacional e o barroco nacional.

A extravagância de certas locações, como o restaurante Assirius do Teatro Municipal e o Parque Lage (ambos no Rio), é reforçada por uma acumulação insólita de objetos bizarros, que inclui estátuas animadas na mansão do gigante. Até o "aparelho" de Ci está atulhado de engenhocas: televisão, radioamador, mimeógrafo, telefone, ventilador, metralhadora e alvo na parede, sem esquecer uma rede em cima da cama de casal. As cenas do mato virgem acabam parecendo despojadas em comparação ao delírio dos cenários urbanos. Nas ruas, as roupas exuberantes do herói e dos seus irmãos estabelecem um contraste imediato com os figurantes, que usam figurinos realistas.

A comicidade e os vários comediantes vindos da chanchada estabelecem logo uma representação do "popular" que difere da típica visão idealizada do CPC (Centro Popular de Cultura). Grande Otelo era o balizador, a referência para a interpretação, disse Paulo José. No filme, os populares acreditam em qualquer coisa, querem linchar os três irmãos, quando um não rouba o outro: é a guerra dos pobres contra os pobres encenada no episódio do engraxate. Nem idealização de cima pra baixo, nem populismo. O pastelão e o folclore coexistem na sequência da macumba. A feijoada antropofágica e carnavalesca é embalada por uma valsa de Strauss.

O herói é um malandro, um egoísta, um preguiçoso e um inútil, um espertalhão burro, um trouxa que cai no conto do vigário, um chantagista sentimental e um mentiroso incontinente. O personagem é capaz de suscitar a simpatia do público, mas é ao mesmo tempo desmistificado e derrotado uma e outra vez. Sucessivas metamorfoses e travestismos comprovam sua versatilidade e inconsistência, e dificultam uma identificação completa. Preto, Grande Otelo vira o branco Paulo José e fica com a cara da mãe, interpretada pelo segundo, que por sua vez vai ter um filho com os rasgos do Otelo. Quando termina desaparecendo, Macunaíma não deve arrancar lágrimas de nenhum espectador. O herói "sem caráter brasileiro" de Mário de Andrade virou "herói sem nenhum caráter" ou mesmo "mau caráter" de Joaquim Pedro.

Menção especial merece a representação da sexualidade pródiga do protagonista, sempre disposto a por os cornos no irmão. O diretor transforma em cenas literais certas expressões: Macunaíma "trepa" nas costas de Sofará, ela "come" literalmente um dedo do herói, iniciando assim um jogo sado-masoquista que vai se repetir nas cenas com Ci, a dominadora com roupa de couro. O sexo é uma relação de forças, no melhor dos casos, ou então puro jogo de cena, quando se trata de enganar o outro, de obter um favor ou o obscuro objeto do desejo, o muiraquitã. Os gags visam a provocar o riso, mas não deixa de haver por trás uma visão pessimista, que vai explodir em outro filme de Joaquim Pedro, *Guerra conjugal* (1974). Mais descontraído, *Vereda tropical* (1977) elogia o prazer solitário em lugar do prazer solidário. O conflito dos sexos encontra afinal uma solução puramente utópica em *O Homem do Pau-Brasil* (1981).

A "leitura" de *Macunaíma* feita por Joaquim Pedro estava filtrada pelas suas leituras de Oswald de Andrade. A adaptação foi um processo de apropriação e reconstrução, dizia o crítico Ronald F. Monteiro, o que vem a ser uma operação tipicamente modernista. Pelo visto, nem todos os exegetas da obra de Mário de Andrade apreciaram. No entanto, o filme mostrou a absoluta atualidade da sua mitologia sincrética, sua pertinência no debate cultural, mesmo na conjuntura específica dos anos de chumbo.[1]

---

1 Sobre *Macunaíma*, XAVIER, Ismail. *Alegorias do subdesenvolvimento: Cinema Novo, Tropicalismo, Cinema Marginal*. São Paulo: Brasiliense, 1993, pp.138-158.

O HOMEM DO PAU-BRASIL

Visto na época por dois milhões de brasileiros, o filme *Macunaíma* (1969) estabeleceu um diálogo – excepcional até então no Cinema Novo – com o público nacional e ao mesmo tempo com os atores da nossa cultura, que encontraram inspiração ou confirmação para embarcar no tumulto do Tropicalismo. Lançado em plena abertura, *O Homem do Pau-Brasil* (1981) não conseguiu repetir a dupla façanha. Sua recepção na imprensa foi muito desigual, ao ponto de provocar uma reação de defesa do diretor, Joaquim Pedro de Andrade, magoado. Três décadas depois, o filme ainda é um objeto voador não identificado no firmamento audiovisual.

Em lugar de uma biografia tradicional, com psicologia e dramaturgia convencionais (um *biopic*), trata-se de uma evocação dos temas e preocupações que agitaram a vida de Oswald de Andrade. Biografia intelectual também não é o termo adequado. Primeiro, porque se trata de um retrato de grupo, segundo porque a encarnação de boa parte das figuras do Modernismo é feita num tom de comédia, inclusive de farsa bufa, com uma sucessão de gags e invenções que conjura qualquer didatismo e fazem do filme uma pura

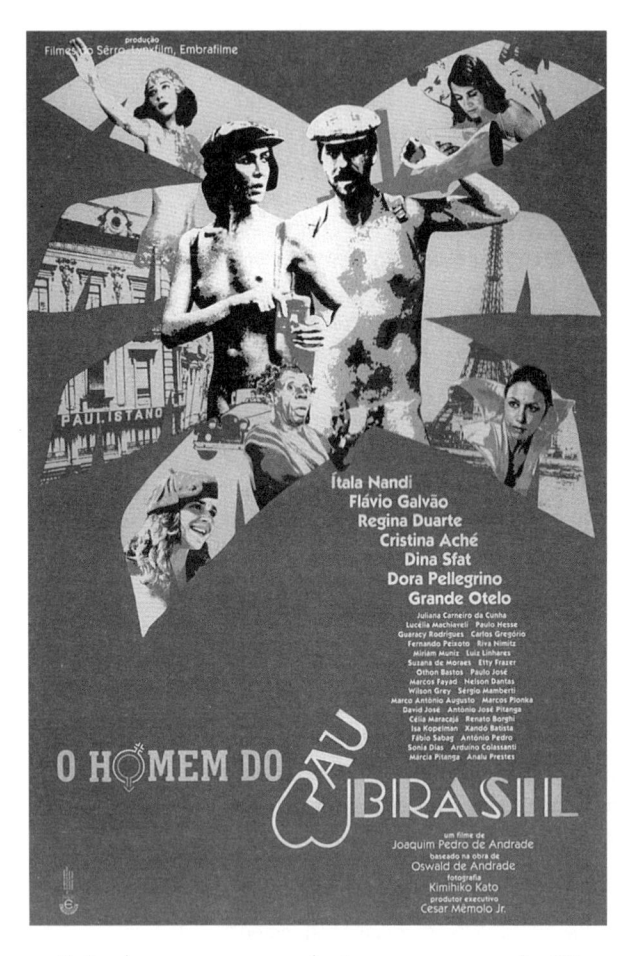

Cartaz de *O homem do Pau-Brasil*: evocação de Oswald de Andrade.

curtição de cenas surpreendentes, personagens insólitas, proclamações irreverentes ou utópicas.

Oswald é interpretado simultaneamente por Itala Nandi e Flávio Galvão. A dupla funciona às vezes como um dueto e outras vezes é dissociada, como se o lado macho e fêmea do escritor tomassem rumos diferentes. De certa maneira é o que ocorre no desfecho, quando a segunda proclama o matriarcado de Pindorama e tira de cena o primeiro.

Poetas e escritores declamam, enquanto burgueses e revolucionários pontificam. Mas a abundância de palavras e diálogo não interrompe a carnavalização, como se a avacalhação fosse uma vocação nacional. Nesse desfile, alguns personagens famosos comparecem sem nome ou com o seu nome verdadeiro, outros com nome trocado (Tarsila do Amaral, Pagu), outros com trocadilhos (o poeta francês Blaise Sans-Bras – sem braço –, em lugar de Blaise Cendrars, mutilado de guerra).

A identificação dos personagens não é indispensável, ela acrescenta apenas um eventual comentário ou apreciação, da mesma maneira que não é preciso conhecer a evolução de Oswald para acompanhar o enredo. A comicidade é imediata, não precisa de mediações, mas nem por isso elimina a perplexidade, ou pelo menos a curiosidade. Talvez fosse um dos objetivos de Joaquim Pedro, descrente da pedagogia e da instrumentalização do cinema.

A trajetória libidinosa, debochada e contraditória de Oswald parece corresponder ao ceticismo do cineasta a respeito de qualquer sistema de pensamento. Assim mesmo, a evolução do profeta da Antropofagia tem no filme uma certa coerência dialética, talvez por necessidade dramatúrgica. Da mesma maneira que a fita *Macunaíma* era oswaldiana, *O Homem do Pau-Brasil* é uma versão racionalizada, articulada, quase marioandradina do Oswald. Mário aparece no filme como um dos principais organizadores da Semana de Arte Moderna, sem a menor sombra de caricatura – imposta a praticamente todos os demais personagens, muitas vezes em altas doses.

O sarcasmo talvez seja uma resposta à tensão vivida pelo próprio Joaquim Pedro entre razão e imaginação, ciência e arte, aspiração individual e coletiva, cultura e messianismo. Seu projeto seguinte, *O imponderável Bento contra o Crioulo Voador*, mostrava a mesma disposição para a fabulação e a jocosidade. É o seu roteiro mais buñueliano. A proliferação de anacoretas no Planalto Central é uma referência explícita a *Simón del Desierto* (Luis Buñuel, México, 1964). Sagrado e profano estão ligados nesse retrato de Brasília na época da ditadura, onde o frenesi da modernidade convive com a miséria humana da alta sociedade. Infelizmente, não foi filmado.[1]

Em *O Homem do Pau-Brasil*, filme-testamento de Joaquim Pedro, a família modernista é interpretada por atores e atrizes que tinham trabalhado em filmes anteriores do diretor, alguns tão emblemáticos quanto *Macunaíma* (Dina Sfat, Grande Otelo, Paulo José). O cineasta convocou sua trupe de comediantes para representar e renovar o repertório do Modernismo. O *gran finale* é uma revolução contra o patriarcado, a possibilidade de uma afetividade e sociabilidade mais abertas, menos preconceituosas. A família eletiva que rodeia o cineasta se superpõe assim à utopia da família reconstituída representada na tela, capaz de reconciliar os tumultuados afetos de Oswald. No entanto, *O Homem do Pau-Brasil* é de um otimismo quase forçado.

O sincretismo mitológico e paródico do *Macunaíma* de Mário de Andrade tinha adquirido um tom mais desesperado na versão oswaldiana de Joaquim Pedro. O "herói sem nenhum caráter" não merecia a seus olhos a mínima condescendência, ainda mais levando em conta a dramática história recente dos brasileiros. Macunaíma preto e branco, Oswald homem e mulher, as contradições e divisões do Brasil contemporâneo encontraram memoráveis encarnações na figuração modernista do cineasta. Na sua visão, alimentada pelo diálogo constante em torno à cultura nacional, esses impasses remontam às origens da civilização brasileira, que ele pretendia plasmar no filme *Casa Grande, Senzala & Cia.*, livremente inspirado pelo clássico de Gilberto Freyre.

A Antropofagia oswaldiana tinha inspirado outros filmes do Cinema Novo, a começar por *Como era gostoso o meu francês* (Nelson Pereira dos Santos, 1971). Nesta fita de uma ironia sutil, o canibalismo tranquilo e assumido substitui a antiga idealização romântica do Índio, destinada a conjurar o estigma da escravidão do negro. O diretor encena os indígenas Tupiniquins e Tupinambás, em conflito entre si, como uma

---

[1] ANDRADE, Joaquim Pedro de. *O imponderável Bento contra o Crioulo Voador*. São Paulo: Marco Zero e Cinemateca Brasileira, 1990.

reportagem com câmara na mão: esse falso "cinema verdade" desmente os relatos mentirosos legados pelos colonizadores, citados na introdução e nos intertítulos. Apesar da aparente simplicidade do dispositivo, o filme funciona também como uma alegoria dos brasileiros manipulados pelos estrangeiros durante a ditadura militar "entreguista".

Oswald de Andrade comparece ainda num encontro imaginário com o compositor Lamartine Babo, organizado pelo cronista João do Rio, no filme *Tabu* de Júlio Bressane (1982). Interpretado pelo tropicalista Caetano Veloso e comediantes vindos da chanchada, como José Lewgoy, Colé e Norma Bengell, *Tabu* assinala uma inflexão na obra de Bressane. O antigo realizador do udigrudi ou Cinema Marginal estabelece um diálogo fértil com a tradição cultural, com destaque para o Modernismo: *Quem seria o feliz conviva de Isadora Duncan?* é um episódio das *Oswaldianas* filmada para o centenário de Oswald (1992); seu filme *Miramar* (1997) é livremente inspirado nas *Memórias sentimentais de João Miramar* de Oswald.[2]

---

2 *Os condenados*, romance de Oswald de Andrade, foi filmado por Zelito Viana em 1973. O Modernismo inspirou também o curta-metragem e o documentário, principalmente no cinquentenário: *A casa de Mário de Andrade* (Ruy Santos, 1955), *Flávio de Carvalho* (Alfredo Sternheim, 1968), *Bárbaro e nosso – Imagens para Oswald de Andrade* (Márcio Souza, 1969), *Semana de Arte Moderna* (José Rubens Siqueira, 1969), *Semana de 22* (Suzana Amaral, 1971); *Serafim Ponte Grande* (Arthur Omar, 1971), *Dez jingles para Oswald de Andrade* (Rolf de Luna Fonseca, 1971), *Semana de Arte Moderna* (Geraldo Sarno, 1972); *Klaxon* (Sérgio Santeiro, 1972); *Acaba de chegar ao Brasil o bello poeta francez Blaise Cendrars* (Carlos Augusto Calil, 1972), *Retrospectivas* (Roberto Santos, 1972), *A cadeira* (Elza de Mauro Batista e Jaime Colovan, 1972), *Oswald de Andrade – um dia, um canibal* (Luis Otávio Pimentel, 1972), *Murilo Mendes: a poesia em pânico* (Alexandre Eulálio, 1977), *Modernismo* (Hunald Alencar, 1978), *Os verdes anos* (Paulo Augusto Gomes, 1979), *Oswald de Andrade* (Luis Otávio Pimentel, 1981), *Eh Pagu, eh!* (Ivo Branco, 1982), *Modernismo: os anos 20* (Roberto Moreira, 1992), *Nelson* (Carlos Cortez, 1992), *Travelling – As quatro gares* (Joel Pizzini, 1998), *Não me condenes antes que me explique* (Cristina Leal, 1998).

TROPICALISMO

Joaquim Pedro de Andrade tinha reticências em relação ao Tropicalismo. Certamente, a Tropicália não teve a coesão de um autêntico movimento de vanguarda ou uma tendência artística, como o Modernismo ou o Cinema Novo. Porém, foi bem mais abrangente do que o movimento de renovação cinematográfica e atingiu um público maior: foi uma espécie de terremoto que abalou música, teatro, cinema e outros setores, afetando personalidades bem diferentes e de diversas idades. Teve ecos inclusive em outros países.

O compositor e cantor Caetano Veloso, extremamente ligado ao cinema, atribui ao filme *Terra em transe* de Glauber Rocha (1967) um papel "deflagrador" do Tropicalismo. É verdade que a carnavalização das sequências do descobrimento do Brasil e da coroação de Porfírio Diaz (Paulo Autran) representa uma ruptura dos modos de representação até então encenados pelo Cinema Novo. Mas a detonação não é apenas estética, é também ideológica: a "morte do populismo", tal como ela é retratada no filme, arrasa com as elites, mas arrasta na sua queda o próprio povo, representado como um boçal ou um impotente. Ora, isto desafiava as regras do "politicamente correto".

Caetano percebe em *Terra em transe* uma "dramaturgia política distinta da usual redução de tudo a uma caricatura esquemática da ideia de luta de classes: nada do que veio a se chamar de 'Tropicalismo' teria tido lugar sem esse momento traumático. O golpe no populismo de esquerda libertava a mente para enquadrar o Brasil a partir de uma perspectiva ampla, permitindo miradas críticas de natureza antropológica, mítica, mística, formalista e moral com que nem se sonhava. Se a cena que indignou os comunistas me encantou pela coragem, foi porque as imagens que, no filme, a precediam e sucediam, procuravam revelar como somos e perguntavam sobre nosso destino".[1]

O primeiro acontecimento da explosão tropicalista foi a encenação de uma peça de Oswald de Andrade, *O Rei da Vela*, no Teatro Oficina de São Paulo, em 1967, sob a direção de José Celso Martinez Corrêa, que dedicou o espetáculo a Glauber Rocha. A peça não tinha saído do papel durante trinta anos. A revalorização crítica da obra de Oswald, iniciada por Antonio Candido, teve um desdobramento espantoso graças a essa representação teatral. A descoberta de Oswald foi um "deslumbramento", afirma Caetano Veloso. A *misc-cn-scène* de Zé Celso adotou estilos diferentes nos três atos, assumindo uma heterogeneidade contrária a todos os preceitos clássicos, capaz de misturar o escárnio da chanchada e a solenidade da ópera. Era o encontro improvável de Bertolt Brecht e de Wilhelm Reich, a revolução social canibalizada pela revolução sexual. *O Rei da Vela* virou um emblema do Tropicalismo. Representada inclusive no exterior, o espetáculo teve uma versão cinematográfica que preserva a memória desse momento extraordinário (*O Rei da Vela*, José Celso Martinez Corrêa e Noilton Nunes, 1983).

---

[1] VELOSO, Caetano. *Verdade tropical*. São Paulo: Companhia das Letras, 1997, pp.99-106.

O segundo acontecimento ocorreu logo depois, em 1968, o ano das utopias e das passeatas estudantis: o disco *Tropicália ou Panis et circensis*. O visual espalhafatoso remete à encenação de Zé Celso. O deboche do populismo começa no título, que lembra o "pão e circo" oferecidos ao povo no antigo Império Romano. O nome *Tropicália*, proveniente duma obra do artista plástico Hélio Oiticica, foi sugerido a Caetano Veloso pelo produtor de cinema Luiz Carlos Barreto, mostrando uma circulação ampliada das preocupações formais e conceptuais em diversos setores da cultura.

O Tropicalismo fez uma releitura original da Antropofagia oswaldiana. "A ideia do canibalismo cultural servia-nos, aos tropicalistas, como uma luva", admite Caetano,[2] formado sob a tripla influência da Europa, dos Estados Unidos e da tradição nacional, todas presentes na sua cidade natal, Santo Amaro, no interior da Bahia. A Tropicália teve o mérito de problematizar as relações entre a cultura brasileira e as influências estrangeiras, num contexto ainda marcado por um nacionalismo rançoso, que dissimulava o pior conservadorismo com álibis pseudorrevolucionários.

Na Europa comunista, o "cosmopolitismo" era passível da forca ou do cárcere. No Brasil, um comunista saudosista quis expurgar a língua portuguesa das palavras de origem estrangeira. Sem esquecer a passeata organizada no Rio de Janeiro, em 1967, em plena ditadura, contra a guitarra elétrica! Era a época do slogan oficial "Brasil, ame-o ou deixe-o"...

Diante do esgotamento das velhas fórmulas políticas, a Tropicália rearticula de maneira radical arte e vida. Ela anuncia o desbunde dos anos setenta. Sem se deixarem intimidar, os iconoclastas músicos baianos viraram tudo de pernas *pro* ar, pagando um preço alto pela subversão das formas tradicionais. O Tropicalismo contesta ao mesmo tempo a tradição folclórica e a cultura de massas, o populismo piegas e as modas transmitidas pela globalização. Numa polarização exacerbada entre kitsch e pop, entre cotidiano

---

[2] Ibid., p.247.

e imaginário, a Tropicália libera a criatividade, multiplica as irreverências, suprime as últimas convenções da moral, da decência, do bom gosto, do bom-mocismo. A paródia, o expressionismo grotesco, o humor corrosivo, atingem um ponto de incandescência. Contra o ufanismo patriótico e o essencialismo implícito no conceito de identidade nacional, os tropicalistas transformaram o deboche em exercício de salubridade pública.

Na Tropicália, prevalecem a desconstrução e a fragmentação propiciadas por Oswald, em lugar da construção e a unificação nacional almejadas por Mário de Andrade. A agitação, a curtição e a reflexão substituem a educação como missão da década de trinta e a conscientização política dos anos sessenta. O movimento abala o "monumento no Planalto Central", conforme sugere a letra de Caetano.

A tensão latente entre razão e imaginação, racionalismo e irracionalismo, que atravessa o Modernismo e o Cinema Novo, explode com o Tropicalismo. A dissolução da linguagem vai ser levada ao seu extremo pelo Cinema Marginal ou udigrudi. Entre o pessoal de cinema, o peso dos imperativos categóricos do CPC (Centro Popular de Cultura), a idealização do "nacional e popular", eram maiores do que no mundo musical, que sempre conciliou melhor o capital estrangeiro da indústria discográfica e a criação local. Mas a dinâmica de grupo dos cinemanovistas foi uma proteção contra os comissários da cultura e as patrulhas ideológicas. O Cinema Novo abalou os esquemas, enfrentou sucessivas polêmicas para defender filmes como *O Padre e a Moça* ou *Terra em transe* das críticas da esquerda mais ortodoxa.

Para Glauber Rocha, "o Tropicalismo, a descoberta antropofágica, foi uma revelação". Em 1969, ele considerava "o Tropicalismo, a antropofagia e seu desenvolvimento a coisa mais importante na cultura brasileira". Apesar da sua preferência anterior pelo romance regional, passa a ver na Semana de Arte Moderna de 1922 o "início de uma revolução cultural no Brasil". Na sua opinião, o expoente principal do Modernismo é Oswald, cuja obra julga "verdadeiramente genial".

O cerne é a "atitude diante da cultura colonial que não é uma rejeição à cultura ocidental como era no início (e era loucura, porque não temos uma metodologia)". Doravante, aceita "a ingestão dos métodos fundamentais de uma cultura completa e complexa, mas também a transformação mediante os nossos *succhi* [sucos gástricos]".[3]

No mesmo texto, Glauber articula a Tropicália e o cinema de Luis Buñuel:

> O Surrealismo para os povos latino-americanos é o Tropicalismo. Existe um Surrealismo francês e um outro que não o é (...). O nosso não é o surrealismo do sonho, mas da realidade. Buñuel é um surrealista e seus filmes mexicanos são os primeiros filmes do Tropicalismo e da antropofagia. A função histórica do Surrealismo no mundo hispano-americano oprimido foi aquela de ser instrumento para o pensamento em direção de uma liberação anárquica, a única possível. Hoje utilizada dialeticamente, em sentido profundamente político, em direção do esclarecimento e da agitação.

A ideia paradoxal que associa o Surrealismo e o realismo havia sido sugerida por Paulo Emilio Salles Gomes. Em um comentário sobre o documentário *Las Hurdes* (*Tierra sin pan*, Espanha, 1933), ele escreveu: "A obra de Buñuel era a melhor demonstração de que o horror dos surrealistas pelo realismo devia-se a uma alucinada procura de identificação com a realidade." "A consistência do Surrealismo de Buñuel reside no fato de não se tratar para ele de um expediente estético, mas de um esforço desesperado de integração na realidade moral, total, do homem. Desse desespero nasce a sua violência, o seu sadismo, que é um método leal de conhecimento", agrega o crítico. Nos filmes mexicanos do diretor espanhol, que ele também aprecia,

---

3 ROCHA, Glauber. "Tropicalismo, antropofagia, mito, ideograma" (1969). In: *Revolução do Cinema Novo*. Rio de Janeiro: Alhambra-Embrafilme, 1981, pp.118-122 (reedição Cosac Naify, São Paulo, 2004). Glauber, Zé Celso e Caetano formam o trio fundamental da Tropicália segundo MACIEL, Luiz Carlos. *Geração em transe: Memórias do tempo do Tropicalismo*. Rio de Janeiro: Nova Fronteira, 1996.

"não faltam em maior ou menor grau todas as constantes de erotismo, blasfêmia, sadismo e outros ingredientes que isoladamente podem ser negativos, mas que na singular, virulenta e poética composição em que foram empregados por Buñuel em seus filmes surrealistas clássicos, transformaram-se num exaltante elixir de liberdade, ainda hoje poderoso".[4]

Da "estética da fome" (1965) à "estética do sonho" (1971), Glauber manteve o seu apreço por Buñuel, que foi redescoberto no Brasil às vésperas da Tropicália. A monografia do surrealista Ado Kyrou sobre o cineasta espanhol foi traduzida por José Sanz, diretor da Cinemateca do Museu de Arte Moderna do Rio de Janeiro, com prefácio de Glauber.[5] A influência buñueliana favoreceu a implosão dos códigos narrativos, inclusive aqueles adotados até então pelos novos cineastas dos anos sessenta.

Pela sua capacidade de ruptura, podemos talvez considerar o Cinema Novo e o Tropicalismo como a terceira geração modernista. Conforme aconteceu com as gerações anteriores, houve uma nova mudança do eixo da criação. Os fundadores deram o sinal para a institucionalização. O grupo *Clima* privilegiou a crítica e abriu o caminho para o ingresso do Modernismo e do cinema na Universidade. Prevalece Mário de Andrade, o movimento modernista adquire estatuto acadêmico.

Na década de 1960, é a vez de Oswald de Andrade, as artes do espetáculo ocupam um lugar preeminente e estimulam inclusive a performance do artista, o espetáculo das artes. O exemplo antes relativamente isolado de Flávio de Carvalho encontra em Hélio Oiticica um continuador sintonizado com a Tropicália e com expressões artísticas que não respeitam mais as fronteiras entre disciplinas. O Cinema

---

[4] SALLES GOMES, Paulo Emilio."A fidelidade de Luis Buñuel" (23 de fevereiro de 1957). *Crítica de cinema no Suplemento Literário*. Op.cit., 1982, vol. 1, pp.83-85.
[5] KYROU, Ado. *Luis Buñuel*. Rio de Janeiro: Civilização Brasileira, 1966. Sobre o realizador espanhol, sua relação com o surrealismo, seus filmes mexicanos e Glauber Rocha, escrevi em duas oportunidades: num dossiê da revista *Positif* n° 272, Paris, outubro de 1983, pp.2-20, que inclui textos dos dois cineastas; no livro *Luis Buñuel, Él*, Paidós, Barcelona, 2001.

Novo e o Tropicalismo favoreceram assim uma disseminação e revitalização do Modernismo, que desde então esteve sempre presente na especulação intelectual e no debate cultural do país.

NACIONALISMO EM CRISE

A rearticulação entre nacionalismo e cosmopolitismo, promovida pelo Tropicalismo na virada da década de sessenta para a de setenta, contou ainda com a participação destacada de Paulo Emilio Salles Gomes. O antigo discípulo de Plínio Sussekind Rocha emula o magistério oral do mestre, nas aulas da universidade e entrevistas para a imprensa nanica. Descrente da didática, ensinar para ele vira uma performance destinada a despertar reflexões e vocações. Às vezes, adota a agitação e as provocações do seu outro mentor, Oswald de Andrade. Ao mesmo tempo, sua escrita lembra a atitude melancólica e irônica de Mário de Andrade.

Paulo Emilio é uma águia de duas cabeças, o agitador e o pensador, êmulo de Oswald e de Mário, enquanto não descobre uma terceira vocação tardia, a do ficcionista.[1] O primeiro virou uma lenda urbana, conforme corresponde à tradição oral nos mundos de hoje. Parece um arauto intransigente do

---
1 SALLES GOMES, Paulo Emilio. *Três mulheres de três pppês*. São Paulo: Perspectiva, 1977 (reedição Nova Fronteira, Rio de Janeiro, 1982).

nacionalismo, disposto a jogar na lata de lixo da história todo o cinema internacional, para só apreciar, meditar e comentar os filmes brasileiros.

O Paulo Emilio que deixou extensamente por escrito suas últimas reflexões sobre cinema conta outra versão, mais condizente com o debate intelectual a partir das décadas de setenta e oitenta, que vai desembocar no surgimento dos "Cultural Studies" nas universidades norte-americanas. A melancolia do crítico era o fruto de duas grandes decepções ou frustrações, em ambos os casos depois de um engajamento voluntarista que durou uns dez anos: a falta de alternativa política depois do getulismo e a impossibilidade de consolidar a Cinemateca Brasileira.

O Cinema Novo salvou da depressão o crítico severo que havia escrito em 1960: "O denominador comum de todas as atividades relacionadas com o cinema é em nosso país a mediocridade."[2] Durante a década de sessenta, o ensaísta sintonizado com a nova geração faz alguns mergulhos nas áreas de interpretação e roteirização. Para Paulo César Saraceni, adapta Machado de Assis junto com Lygia Fagundes Telles (*Capitu*, 1968). Para Antonio Carlos Fontoura, adapta Mário de Andrade (*Amar, verbo intransitivo*, 1927), que acabou sendo filmado por Eduardo Escorel, baseado em outro roteiro.

Porém, o fundamental foi a contribuição decisiva de Salles Gomes para a entrada do cinema na Universidade (Brasília e São Paulo) e a sua participação na pesquisa sobre o passado do cinema brasileiro, que teve como resultados dois textos de diverso valor: um panorama histórico e uma monografia sobre a primeira fase de Humberto Mauro,[3] que repete a demonstração de talento do seu primeiro livro sobre Jean Vigo.

---

2 Idem. "Uma situação colonial?". In: *Crítica de cinema no Suplemento Literário*. Rio de Janeiro: Paz e Terra e Embrafilme, 1981, vol. 2, p. 286.
3 "Panorama do cinema brasileiro: 1896/1966", originalmente publicado em GONZAGA, Adhemar e SALLES GOMES, Paulo Emilio. *70 anos de cinema brasileiro*. Rio de Janeiro: Expressão e Cultura, 1966; reproduzido em *Cinema: Trajetória no subdesenvolvimento*. Rio de Janeiro: Paz e Terra e Embrafilme, 1980 (várias reedições); *Humberto Mauro, Cataguases, Cinearte*, Op.cit.

A vitalidade e a capacidade de renovação do crítico, pesquisador e ensaísta o livraram da esterilidade do "Mestre Plínio", que reservou seu magistério oral a círculos restritos. No entanto, o fantasma do pessimismo não foi completamente afastado. Seria simplório explicá-lo apenas pela conjuntura opressiva dos anos de chumbo. Sua intimidade com o processo cultural durante quatro décadas não descartava o temor a uma evolução cíclica, uma sina que acompanha a história brasileira desde o descobrimento. Como ter certeza de que o Cinema Novo não seria apenas mais um "surto", como os efêmeros ciclos regionais do cinema mudo? Os brasileiros estariam condenados a um eterno recomeçar?

Sua resposta está em *Trajetória no subdesenvolvimento* (1973), um ensaio denso, que não é o mero flagrante de um momento, como *Uma situação colonial?* de 1960. Tampouco é um panorama histórico como o texto publicado em 1966, muito menos um manifesto para agitar as consciências adormecidas pela modorra intelectual da época. Sua recepção no contexto ditatorial e sua perdurabilidade mostram que foi lido como as três coisas. Porém, é bem mais do que isso, é uma súmula, é uma síntese original do pensamento de Paulo Emilio, é uma reflexão crítica abrangente sobre nosso cinema e nossa cultura. É um ensaio que prefigura os "Cultural Studies", uma abordagem que teria deliciado Mário de Andrade, "turista aprendiz" e universitário amador.

Uma leitura simplificadora, puramente nacionalista, na verdade de um nacionalismo primário, reteve do texto de Salles Gomes apenas a dialética do ocupado e o ocupante, tirando dessa relação qualquer dialética propriamente dita. A própria escolha dos termos para referir-se à tensão que atravessa o cinema e o processo cultural brasileiro de maneira geral foi precipitadamente atribuída à necessidade de driblar a censura.

São os mesmos que explicam a opção pela alegoria, o Tropicalismo e as novas formas adotadas na música popular, o teatro, o cinema e mesmo as artes plásticas, pela simples vontade de escapar à severidade dos censores, sem pensar no esgotamento de certas normas estéticas e na renovada reflexão sobre a articulação entre a criação nacional e os fluxos estrangeiros, que abalou a polarização entre nacionalismo e cosmopolitismo. No ápice da ditadura, os centros de estudos sociológicos ou históricos não deixaram de chamar o pão pão e o queijo queijo, nem de criticar a burguesia ou falar em luta de classes, apesar da repressão.

Paulo Emilio não toma emprestadas as noções de ocupado e ocupante à descolonização da Argélia francesa por saudosismo ou empatia com Frantz Fanon, para ser mais direto ou para simplificar, mas precisamente para problematizar a questão, para surpreender e atrair a atenção do leitor para a complexidade particular da situação brasileira:

> Nunca fomos propriamente ocupados. Quando o ocupante chegou o ocupado existente não lhe pareceu adequado e foi necessário criar outro. A importação maciça de reprodutores seguida de cruzamento variado, assegurou o êxito na criação do ocupado, apesar da incompetência do ocupante agravar as adversidades naturais. A peculiaridade do processo, o fato do ocupante ter criado o ocupado aproximadamente à sua imagem e semelhança, fez deste último, até certo ponto, o seu semelhante. Psicologicamente, ocupado e ocupante não se sentem como tais: de fato, o segundo também é nosso e seria sociologicamente absurdo imaginar a sua expulsão como os franceses foram expulsos da Argélia. (...)
>
> Não somos europeus nem americanos do norte, mas destituídos de cultura original, nada nos é estrangeiro, pois tudo o é. A penosa construção de nós mesmos se desenvolve na dialética enrarecida entre o não ser e o ser outro.[4]

O texto questiona assim uma concepção essencialista da nacionalidade, implícita numa cinematografia e numa historiografia do cinema até então impregnadas de nacionalismo. Sua reflexão remete a uma antiga constatação de

---

4 "Trajetória no subdesenvolvimento", reedição Paz e Terra de 1986, p. 88. Lembremos dos versos de Carlos Drummond de Andrade anteriormente citados: "coisas que minhas coisas são, sendo de outrem".

Mário de Andrade: "O brasileiro não tem caráter porque não possui nem civilização própria nem consciência tradicional."[5] Paulo Emilio discute também a noção de subdesenvolvimento, onipresente nas ciências sociais e no debate político. Ele contesta a concepção do desenvolvimento por etapas, compartilhada por marxistas ortodoxos e pesquisadores da CEPAL (Comissão Econômica para a América Latina), e o pressuposto de um modelo único, ao esboçar uma análise comparada do cinema nos Estados Unidos, no Japão, na Índia, nos países árabes e no Brasil. Desde então, o conhecimento das cinematografias periféricas progrediu. No entanto, o comparatismo delineado em "Trajetória no subdesenvolvimento" constitui uma inovação e inclusive uma ruptura com o recorte nacional predominante na historiografia brasileira e latino-americana.[6]

Paulo Emilio se apoia em duas hipóteses fundamentais: a primeira, é que é impossível elaborar a história do cinema numa só nação, pois a expansão do espetáculo cinematográfico é um fenômeno internacional, que divide o mundo de maneira desigual entre um pequeno número de (países) produtores e um enorme número de (países) consumidores. Esquerdista dissidente, o autor lembrava certamente da crítica ao "socialismo num só país" de Stálin.

Portanto, é indispensável articular a história global e a história local, a cinematografia das metrópoles dominantes e as cinematografias dependentes ou periféricas – apesar de não serem esses os conceitos usados pelo ensaísta, mais interessado nas nuances das suas aproximações literárias do que na exatidão da terminologia acadêmica. Essa abordagem implica, tal como o texto faz a seguir, em não reduzir a história à esfera da produção, mas em articulá-la com a evolução da distribuição e da exibição, com o mercado e o público, esse grande desconhecido dos historiadores do cinema.

---

5 HOLLANDA, Heloísa Buarque de. Op.cit., p. 26.
6 PARANAGUÁ, Paulo Antonio. *Le cinéma en Amérique Latine: le miroir éclaté, historiographie et comparatisme*. Paris: L'Harmattan, 2000.

A segunda hipótese constitui a própria possibilidade de uma análise comparada entre cinematografias aparentemente tão afastadas quanto a Índia, o Japão, o Oriente Médio e o Brasil: "A diferença e a parecença nos definem". Todas elas são periféricas em relação aos sucessivos centros hegemônicos representados pela Europa e os Estados Unidos. No entanto, sua história e suas estruturas de produção são muito diferentes: existe um abismo entre os estúdios das *Majors* japonesas, a "Bollywood" de Bombaim e a prática artesanal vigente em Beirute ou Alexandria. Salles Gomes combina considerações sobre as estratégias aplicadas e sobre os particularismos culturais de uns e outros, incluindo aí a eventual singularidade na relação com a imagem.

Trata-se somente de uma aproximação, de um esboço. Apesar disso, essa abordagem confere uma nova perspectiva a toda a evolução do cinema brasileiro desde suas origens. Paulo Emilio é um pioneiro do comparatismo e do que o historiador Sanjay Subrahmanyam chama "história conectada".[7] A implosão do recorte nacional da historiografia do cinema é a principal originalidade, a autêntica novidade de "Trajetória...", afastada das leituras reducionistas, puramente nacionalistas, feitas deste ensaio-testamento (o autor morreu em 1977, aos sessenta anos).

Na hora em que o duvidoso conceito de identidade nacional era usado para justificar novas políticas oficiais na área da cultura e das comunicações, o texto colocava em discussão os próprios conceitos de nação e de nacionalidade. Salles Gomes precede assim numa dezena de anos a crítica cultural dessas noções, se tomarmos os ensaios de Benedict Anderson e Homi K. Bhabha como pontos de partida da reviravolta operada nessa problemática pela academia.[8]

---

7 SUBRAHMANYAM, Sanjay *Explorations in Connected History*. Delhi: Oxford University Press, 2004, 2 vols.
8 ANDERSON, Benedict. *Comunidades imaginadas: Reflexões sobre a origem e a difusão do nacionalismo*. São Paulo: Companhia das Letras, 2008 (a edição original é de 1983); BHABHA, Homi K. *O local da cultura*. Belo Horizonte: UFMG, 1998 (seus ensaios incluídos em obras coletivas começaram a ser discutidos na década de oitenta).

Contrariamente ao que ele havia feito no "panorama" de 1966, o ensaísta paulista não se limita mais a reescrever e atualizar a história do cinema nacional em função do adiantamento das pesquisas, ele muda o seu eixo, reorienta a perspectiva geral, redireciona o olhar do leitor e do espectador, procura transformá-lo em sujeito ativo, participante fundamental de um processo criativo que precisa envolver o público para se justificar e completar sua circulação.

Assim como o espectador não pode ficar reduzido ao consumo, o trabalho do historiador, do pesquisador, do ensaísta, do crítico não pode se contentar com o comentário sobre a produção local, nem com uma filmografia glosada com maior ou menor brio. O diálogo entre o espectador e os filmes modifica a relação entre sujeito e objeto. A integração do público na compreensão do fenômeno cinematográfico abre novas possibilidades para pesquisadores e historiadores: nenhuma nação ficou à margem da expansão do cinema, nenhum país ficou imune ao impacto das imagens em movimento, nem às mitologias veiculadas nas telas, mesmo que a produção local seja inexistente, intermitente ou vegetativa. A evolução das mentalidades, o processo de modernização e urbanização, em qualquer parte do planeta, não podem ser estudados deixando de lado o cinema.

Apesar dos méritos apontados, a articulação e a avaliação entre os diversos momentos da história do cinema brasileiro em "Trajetória..." são passíveis de discussão. Para ficar num exemplo, o Cinema Novo, a Bela Época dos anos 1910 e a Chanchada adquirem insensivelmente maiúsculas equivalentes, isolando esses três fenômenos dos demais momentos ou aspectos do cinema nacional. Apesar de dedicar algumas linhas a analisar o fracasso da Vera Cruz, a companhia paulista não merece no texto a mesma importância.

Além de isolar e associar fenômenos diferentes – um período do cinema silencioso, um gênero fílmico e um movimento de renovação – a trilogia pauloemiliana funciona como uma espécie de novo paradigma historiográfico onde cada parte complementa as carências da outra: a primeira representa uma harmoniosa integração vertical entre exibidor, distribuidor e produtor, uma mítica idade de ouro pré-industrial, capaz de resistir ao embate da concorrência estrangeira; a comédia carioca surge como uma insuperável fase de diálogo entre o público e sua imagem na tela; finalmente, a geração dos sessenta encarna uma nova aspiração artística e humanística. Além da heterogeneidade dos três ingredientes, esse tríptico ainda por cima homogeneíza termos que recobrem uma complexidade a exigir outra abordagem, o que não deixa de ser um paradoxo neste ensaio tão criterioso.

O julgamento crítico de Paulo Emilio nunca chegou a ser suspenso, mesmo quando agitava a opinião sugerindo tirar maior proveito da análise do mau filme brasileiro do que da obra-prima estrangeira. Sua severidade com a mediocridade e a boçalidade intrínsecas do subdesenvolvimento não diminuiu. Muito antes da aparição dos "Cultural Studies", sua avaliação crítica era relativizada no sentido literal, ou seja, analisada na sua relação com um feixe de outras considerações:

> Constato como é pobre e nada estimulante uma apreciação de filmes limitada ao campo cinematográfico. As virtualidades e as virtudes das obras fenecem quando examinadas no compartimento estanque da especificidade. Os que se condenam ao cinema o compreendem pouco e o servem mal. A justificativa de alguém se dedicar ao cinema, inclusive no plano da criação, reside na obrigação de permanecer aberto e disponível ao essencial, isto é, a tudo que lhe é exterior.
>
> Nos momentos decisivos não tem sido dentro de si próprio que o cinema tem encontrado a força motora. Cada vez que o cinema tem sido capaz de responder a um desafio, isto é, em cada um de seus momentos de renovada vitalidade, o estímulo veio de fora, de outras atividades e preocupações. O cineasta ou o crítico de cinema com formação estritamente cinematográfica tem um papel cada vez mais reduzido. A cultura propriamente cinematográfica tem função cada vez mais ampla, porém em outro terreno, o público, pois aqui ela significa acréscimo e enriquecimento e não corre o risco mortal da autossatisfação.[9]

---

9 SALLES GOMES, Paulo Emilio. "Introdução bastante pessoal" (28 de outubro de 1961). In: *Crítica de cinema no Suplemento Literário*, vol. 2, pp. 357-362.

O pensamento de Paulo Emilio manteve-se fiel a determinados momentos privilegiados e a figuras fundamentais da sua trajetória, como se as sucessivas fases tivessem agregado novas capas à sedimentação pessoal, sem espírito de contradição, nem solução de continuidade, um pouco à maneira de Luis Buñuel. É o que podemos deduzir do seu memorável artigo "Revolução, cinema e amor":

> Ter ideias claras é bom, mas raro. Não seria mau se ao menos para os assuntos que solicitaram nossa reflexão durante mais de vinte anos, como a revolução, o cinema e o amor, houvéssemos acedido ao grau de aproximação que autoriza um mínimo de ideias válidas e razoavelmente gerais. Cada um desses temas, porém, constitui um universo amplo, complexo e intrincado, o qual, diferentemente do universo verdadeiro que o envolve sem esclarecê-lo, presta-se mal ao conhecimento científico. (...)
>
> Em revolução, cinema ou amor, a apreensão de conhecimentos, para agir e julgar, se processa num esquema dialético anárquico que torna rapidamente irrisórios o planejamento e as intenções. (...) Nos domínios cobertos pelas chamadas ciências do homem e pelas artes do prazer a necessidade de ininterrupta invenção modifica a natureza da intimidade entre o sujeito conhecedor e o objeto do seu conhecimento. (...)
>
> É em suma escasso o amparo que nos oferece a sociologia, a estética ou a psicologia e nessas condições torna-se mais difícil cuidar de revolução, cinema ou amor, do que de física. Nos primeiros casos, para fazer ou entender, a massa dos conhecimentos acumulados são instrumentos débeis. O curioso é que somos condenados a possuí-los mas obrigados a esquecê-los diante dos fatos novos, o que quer dizer todos os casos de espécie. Diante de uma convulsão social, de um filme ou de uma paixão, as únicas armas válidas para a ação ou o conhecimento são aquelas que nos são fornecidas pela conjuntura, isto é, as que inventamos.[10]

---

10 SALLES GOMES, Paulo Emilio. "Revolução, cinema e amor" (23 de dezembro de 1961). In: *Crítica de cinema no Suplemento Literário*, vol. 2, pp.377-382.

Para justificar a melancolia do autor, basta agregar um fato: quem acabou realizando e deformando o sonho de unir a consciência dos brasileiros numa comunhão cultural ou imagética, não foram os modernistas nem os cinemanovistas, foi a televisão. A unificação da língua nacional sonhada por Mário de Andrade é um dos seus resultados. Ora, é difícil integrar a TV Globo nessa sequência, apesar de eventuais referências ao Modernismo em alguma novela. Modernidade passou a ser sinônimo de indústria cultural e de novas tecnologias da comunicação: ninguém segura a ordem e o progresso da divisa positivista. Como dizia Joaquim Pedro de Andrade, o Brasil continua devorando os brasileiros.

Noventa anos depois da eclosão do Modernismo, meio século após o triunfo do Cinema Novo, ambos foram dissecados, triturados, incinerados pela academia e pelos comentaristas. Isso é bom e mau. Bom porque evita o esquecimento, mantém vivo o diálogo cultural, enriquece a conversa iniciada em 1922. Mau porque nenhum movimento de renovação nasce com vocação museológica. As cinzas foram espalhadas, para evitar romarias e atropelamentos. De vez em quando, sem aviso prévio, as cinzas viram brasas. Milagre! Prova da existência de Deus, diriam os jesuítas do Pátio do Colégio, onde tudo começou.

MOD ERN ISMO +90

SAUDADES

Não compareci à Semana de Arte Moderna de 1922, mas tenho um bom álibi, sou carioca. Tampouco participei da Guerra Civil Espanhola, conforme insiste em espalhar um amigo malicioso que implica com o meu tropismo hispânico e acabou morando em Madri. Mas é verdade que encontrei cartuchos de fuzil requentados pelo sol, quando brincava nas antigas trincheiras da Casa de Campo.

Nasci em 1948, o mesmo ano que Israel (5000 anos!). Naquele tempo, em Praga, o sujeito podia ser enforcado por "cosmopolitismo", porém em Copacabana, no Humaitá ou no Flamengo estávamos a salvo dessas barbaridades.

Meu berço intelectual foi a Cinemateca do Museu de Arte Moderna do Rio de Janeiro. Ronald F. Monteiro foi meu professor. Era a época do José Sanz, organizador de uma memorável projeção do *Simón del Desierto* de Luis Buñuel, que deu uma crônica do Carlos Heitor Cony. Pouco depois, em Paris, o velho cineasta espanhol me mandou um *pneumatique* para encontrá-lo no Hôtel de l'Aiglon, em Montparnasse, onde costumava ficar.

Tive também a sorte de assistir à primeira apresentação de *Deus e o diabo na terra do sol*, no Ópera da Praia de Botafogo. Que revelação! Morava a um quarteirão do

Payssandú, o cinema que deu nome à geração que era contemporânea ou cria do Cinema Novo. Somente deixei de ver filmes quando estive preso. Fui surrealista, trotskista e depois jornalista, tudo em horário integral. Confesso que vivi.

Ainda adolescente, visitei o Gabinete do Doutor Paulo Emilio no Ibirapuera, levado pelo Sérgio Lima, ou talvez pela Leila Ferraz. Em companhia deles, de Raul Fiker, Maninha, Roberto Piva e mesmo Cláudio Willer, São Paulo era uma festa.

Com Sonia Borges Salles Gomes conversei sobre Benjamin Péret e Elsie Houston, cujas gravações ouvi anos depois no arquivo da Maison de la Radio. Maria Martins me dedicou seu livro sobre Nietzsche. João Cabral de Melo Neto conversou sobre Surrealismo e me apresentou seus amigos do grupo *Dau al Set*, em Barcelona e Cadaqués. Ana Maria Dalí, a irmã do pintor, achou-me parecido com Federico García Lorca.

João Leite Sobrinho, meu tio-avô, o boêmio da família, me hospedou um tempo em São Paulo. Delegado aposentado, ele foi interpretado na tela por Paulo Emilio (*A morte em três tempos*, Fernando Cony Campos, 1964). É o que os surrealistas chamavam de "hasard objectif" (acaso objetivo). Lygia Fagundes Telles aprovou minhas traduções de "Trajetória no subdesenvolvimento", ainda bem.

Não foi um rio que passou em minha vida e sim Maio de 1968, quando eu era estudante de sociologia em Nanterre. Estava no lugar certo, na hora certa. Como é que fui parar na Argentina ainda me pergunto. E a melhor resposta que encontrei é digna do melodrama: ninguém foge ao seu destino. Quando era criança, em Buenos Aires, já dizia para os soldadinhos de chumbo "Mis descamisados!", como a Evita Perón. Mas meus companheiros de cárcere nunca riam quando eu contava que tinha sido peronista muito antes deles.

Depois recuperei a "liberté, égalité, fraternité". A idade de ouro havia acabado. Escrevi muitos anos na revista *Positif*. Organizei retrospectivas no Centro Georges Pompidou e festivais. Entrevistei, conheci e curti boa parte do pessoal do Cinema Novo, bem como o Grande Otelo. Tenho saudades de Joaquim Pedro de Andrade e de Ana Maria Galano Moscovich, amiga de juventude. Adoro a Alice de Andrade, que não vai levar a mal se transformei seu pai em personagem, assim como ele fez com os modernistas em *O Homem do Pau-Brasil*.

Um dia tive a audácia de substituir Jean-Claude Bernardet numa obra enciclopédica sobre cinema na América Latina. Da crítica enveredei para a pesquisa e a história comparada. Publiquei uma dúzia de livros, enquanto trabalhava na Radio França Internacional e tinha um filho (o dia em que ele nasceu chorei de felicidade). Às vezes penso que foi um livro só, o mesmo que reescrevi sem parar, como aquele personagem do Borges. Troquei figurinhas com José Carlos Avellar, Eduardo Escorel, Ismail Xavier, Carlos Augusto Calil.

O jornalismo ainda é uma cachaça e no *Le Monde* virei alcoólatra, escrevendo até um blog, o que é o suprassumo da dependência. Bom mesmo é batida de coco. Por isso quando meu amigo do Santo Inácio, Eduardo Jardim de Moraes, me pediu para escrever sobre Modernismo e cinema brasileiro, mergulhei nesse mundo de luzes e sombras, cheio de fantasmas, com a ingenuidade do protagonista de *Nosferatu* do Murnau.

ANDRADE, Mário de. *No cinema*. Paulo José da Silva Cunha (org.). Rio de Janeiro: Nova Fronteira, 2010.

BENTES, Ivana. *Joaquim Pedro de Andrade*. Rio de Janeiro: Relume Dumará, 1996.

CALIL, Carlos Augusto e MACHADO, Maria Teresa (orgs.). *Paulo Emilio: um intelectual na linha de frente*. São Paulo: Brasiliense-Embrafilme, 1986.

CUNHA, João Manuel dos Santos. *A lição aproveitada: Modernismo e cinema em Mário de Andrade*. Cotia: Ateliê Editorial, 2011.

ESCOREL, Eduardo. *Adivinhadores de água*. São Paulo: Cosac Naify, 2005.

GALVÃO, Maria Rita Eliezer. *Crônica do cinema paulistano*. São Paulo: Ática, 1975.

HOLLANDA, Heloísa Buarque de. *Macunaíma: da literatura ao cinema*. Rio de Janeiro: José Olympio e Embrafilme, 1978.

JOHNSON, Randal. *Literatura e cinema: Macunaíma, do modernismo na literatura ao cinema novo*. São Paulo: T. A. Queiroz, 1982.

MELLO, Saulo Pereira de. *Limite*. Rio de Janeiro: Rocco, 1996.

PARANAGUÁ, Paulo Antonio. "Joaquim Pedro de Andrade, entre réalité et utopie". In: *Positif* n° 290, Paris, abril de 1985.

_____. *Le cinéma brésilien*, Centre Georges Pompidou, Paris, 1987. (prefácio de Jorge Amado).

_____. *Le cinéma en Amérique latine: le miroir éclaté, historiographie et comparatisme*. Paris: L'Harmattan, 2000.

_____. *Brasil, entre Modernismo y modernidad*, Archivos de la Filmoteca nº 36, Valencia, outubro de 2000.(monográfico).

_____. *Tradición y modernidad en el cine de América Latina*. Madri e México: Fondo de Cultura Económica, 2003.

PONTES, Heloísa. *Destinos mistos: os críticos do Grupo Clima em São Paulo (1940-1968)*. São Paulo: Companhia das Letras, 1998.

SALLES GOMES, Paulo Emilio. *Humberto Mauro, Cataguases, Cinearte*. São Paulo: Perspectiva e Edusp, 1974.

_____. *Cinema: Trajetória no subdesenvolvimento*. Rio de Janeiro: Paz e Terra e Embrafilme, 1980.

_____. *Crítica de cinema no Suplemento Literário*. Rio de Janeiro: Paz e Terra e Embrafilme, 1981, 2 vols..

SCHVARZMAN, Sheila. *Humberto Mauro e as imagens do Brasil*. São Paulo: Unesp, 2004.

SOUZA, José Inácio de Melo. *Paulo Emilio no Paraíso*. Rio de Janeiro: Record, 2002.

XAVIER, Ismail. *Sétima arte: um culto moderno*. São Paulo: Perspectiva, 1978.

_____. *Alegorias do subdesenvolvimento: Cinema Novo, Tropicalismo, Cinema Marginal*, Brasiliense, São Paulo, 1993.

Acervo das imagens:

Catálogo da exposição Semana de 22, Museu de Arte de São Paulo. Maio de 1972. P. 33.

Catálogo filmes do Serro. "Vida em movimento – Joaquim Pedro de Andrade". P. 140.

Cinemateca brasileira: p. 8/9, 59, 69, 95.

Gullar, Ferreira. *A imagem de Mário*. Rio de Janeiro: Edições Alumbramento, 1998. P. 19.

Kaz, Leonel. *Drummond: Frente e verso*. Rio de Janeiro: Edições Alumbramento, 1998. P. 46, 48, 79.

Odalia, Nilo; Caldeira, João Ricardo de Castro (orgs.). *História do estado de São Paulo: a formação da unidade paulista*. Vol. 2. República. UNESP/ Arquivo Público/ Impresa Oficial/ 2010. P. 16.

Pontes, Heloisa. *Destinos mistos*. São Paulo: Companhia das Letras, 1998. P. 89, 107.

Revista *Percevejo*. P. 62.

Este livro, décimo volume da coleção "Modernismo +90", foi impresso em papel Chambril Avena 70g/m², em agosto de 2014.